売上げ・業績をあげるための

# 経営に役立つ
# 管理会計

## 導入から応用まで

税理士 **松田 修** 著

税務研究会出版局

# まえがき

　大企業はもちろんのこと、中堅・中小企業においても「管理会計」への注目が高まっています。

　今後は、新型コロナウイルス感染症などによる影響、原材料価格の高騰や円安など経済状況の不透明な状況が続くことが予想されます。企業はどのような経営戦略を立てるべきかがこれまで以上に重要になっています。そうした経営戦略に役立つのが「管理会計」です。

　本書は「管理会計を勉強したいけれど何から手を付けていいのかがわからない」と言う方に向けて管理会計の入門から導入・応用まで解説しました。

　本書の特徴は以下のとおりです。

## モデル会社を使って「会話形式」で説明しました。

　各章の初めには、経理・財務コンサルタントから社長、経理部長、経理担当者が「管理会計」のレクチャーを受けるというストーリー仕立てで解説しました。経理・財務コンサルタントが様々な質問に答えていきますので皆さまの理解も深まると思います。

## 実際の数字を使って説明しました。

　抽象的な文字での説明ではなく、すべて実際の数字を使って解説しました。

## 「管理会計」が実際の計算で確実に身につきます。

　モデル会社の計算は簡単な数字を使っていますので、実際に電卓をたたいて計算することで管理会計の知識、導入から応用まで確実に身につけることができます。

**数字で経営を語ることができ、「会計センス」が身につきます。**

　販売価格の値上げ、値下げが利益に与える影響、どこに手を打てば利益が出るかなど経営を数字で語ることができ、経理の領域だけにとどまらず、いわゆる経営に役立つ「会計センス」が身につくよう本書は作成しております。

**経理担当者、会計事務所として、社長の疑問・質問に答えられます。**

　「どの部門が儲かっているのか？」「赤字の部門はどうしたら黒字にできるか？」「仕入価格の上昇に対し売価をどのくらい上げればよいか？」などの社長の質問に対し、経理担当者、会計事務所として数字で的確に回答することができます。

**会計ソフト、エクセルの活用方法が身につきます。**

　「管理会計」の実務では会計ソフト、エクセルの利用が不可欠です。本書ではその利用方法につきましても解説を行いました。

**「会社の売上げ・業績を上げる管理会計手法サイクル」が理解できます。**

　事業計画書（経営計画書）、KPI（重要業績評価指数）、行動計画の策定などを通じて売上げ・業績を上げる管理会計手法サイクルを理解していただき、そしてそれらを実践することで会社の売上げ・業績アップを達成することができます。

　以上の特徴がある本書をご活用いただき、一人でも多くの方が「管理会計」の手法を理解し、また実際の導入のお力になれれば著者としてこれに過ぎたる喜びはありません。

　最後に本書出版にあたり、株式会社　税務研究会の桑原妙枝子様はじめ関係者の方にはひとかたならぬお世話になりました。ここに心から御礼申し上げます。


令和5年1月

税理士　　**松　田　修**

# 目　次

プロローグ（序章） ………………………………………………………… 1


## 第 1 章　月次決算編

⑴　早く正確に「月次決算」に取り組もう ………………………… 10
⑵　「月次決算」がうまくいかない理由とは？ …………………… 12
⑶　「月次決算」実践の 7 つのポイント ………………………… 15
　①　月々の「売上原価」「売上総利益」を正確に計算する方法 ……… 15
　②　月々の「減価償却費」をわかりやすく表示する方法 …………… 19
　③　月々の「売掛金」「買掛金・未払金」を素早く計上する方法 …… 22
　　イ　月々の「売掛金の計上」を素早くする方法 ………………… 22
　　ロ　月々の「買掛金・未払金の計上」を素早くする方法 ………… 26
　④　賞与月だけ赤字を解消する ……………………………………… 29
　⑤　月々の法人税等、消費税をしっかり把握し、納税資金を
　　準備する …………………………………………………………… 33
　　イ　社長が意識する利益を「税引後利益（当期純利益）」に変え
　　　てもらう ………………………………………………………… 34
　　ロ　法人税などの税金を把握し、「納税資金」を確保してもらう …… 34
　⑥　「重要性の原則」を理解し、早く正確に「月次決算」を行おう …… 38
　　イ　少額の消耗品費などの未払金 ………………………………… 38
　　ロ　毎月ほぼ同額の費用 …………………………………………… 38
　⑦　必ずしも簿記上の勘定科目にこだわらない …………………… 40


## 第 2 章　事業計画書（経営計画書）作成編

⑴　実際に事業計画書（経営計画書）を作成する ………………… 46
⑵　KPI（重要業績評価指数）の策定 ……………………………… 52
⑶　行動計画を策定し、PDCA サイクル、KPT を理解する ……… 55

(4) ABC 分析の手法をマスターしよう ·········································· 57

(5) 事業計画書（経営計画書）に基づき「予実管理」を行う ············· 60


## 第3章 「部門別損益計算」を理解しよう

(1) 損益計算書（全社）と部門別損益計算書 ······························· 71

(2) 「管理可能利益」とは？ ···················································· 74

(3) 「部門別損益計算書」のメリット・デメリットと「生態系モデル
経営」 ········································································· 75


## 第4章 資金繰り（キャッシュフロー）、経営分析編

(1) 資金繰り、キャッシュフローの重要性 ·································· 80

(2) 現金預金が増加する原因、減少する原因 ······························ 85

   ① 現金預金が増加する仕組み ············································· 85

   ② 「現金預金以外」の資産を減らす ······································ 86

   ③ 負債を増やす ····························································· 88

   ④ 増資する（純資産を増やす）その1 ·································· 89

   ⑤ 利益を出す（純資産を増やす）その2 ······························ 90

(3) なぜ資金繰り（キャッシュフロー）は4つに分類されるか？ ········ 93

(4) 利益が出ても現金預金がないのはなぜか？ ·························· 94

(5) 資金繰り（キャッシュフロー）を良くする4つの原因の
優先順位 ······································································ 95

(6) 決算書から現金預金（キャッシュ）増減の要因を見る ·············· 96

   ① 決算書から現金預金（キャッシュ）増減の要因を見る ············· 96

   ② どのような科目が増加・減少したか？ ······························ 102


## 第5章 最低限押さえておきたい経営分析編

(1) 最低限押さえておきたい3つの経営分析 ······························ 104

(2) 営業利益に占める正味支払金利の割合 ································· 108

(3) 自己資本比率 ······························································· 113

　① 自己資本比率の計算方法 ································· 113

　② 純資産（自己資本）の内容と純資産（自己資本）を大きくする

　　方法 ··························································· 115

　　イ 株主の払込金 ········································· 115

　　ロ 過去の利益の蓄積（内部留保）··················· 116

　　参考 「自己資本比率」でわかる会社の財務体質 ·········· 120

⑷ **総資産経常利益率（ROA）** ·························· 123

　① 総資産経常利益率（ROA）の計算方法 ············· 123

　② 総資産経常利益率（ROA）の改善方法 ············· 125

　③ 業種ごとの総資産経常利益率（ROA）の改善方法 ··· 128

　　イ 製造業（メーカー）、建設業 ····················· 128

　　ロ 小売業、飲食業 ···································· 129

　　ハ 卸売業、商社、量販店 ···························· 131

　④ 総資産経常利益率（ROA）がいいと、資金繰り

　　（キャッシュフロー）が良くなるか？ ················ 133

## 第6章　損益分岐点売上高の計算とその応用編

⑴ **損益分岐点売上高とは何か？** ······················· 138

⑵ **損益分岐点売上高の計算方法** ······················· 144

　① 変動費率、限界利益率の計算 ······················· 147

　② 固定費、限界利益の記入 ··························· 149

　③ 損益分岐点売上高、変動費の計算 ··················· 150

⑶ **なぜ「損益分岐点」を知ることが大切なのか** ········· 152

　① 損益分岐点売上達成率と安全余裕額 ················· 153

　② 損益分岐点比率、安全余裕率 ······················· 156

　③ 経理の立場から「損益分岐点比率」「安全余裕率」等を

　　使っての社長へのアドバイス ······················· 158

⑷ **「損益分岐点売上高」をこんなふうに活用しよう－損益分岐点の**

　**応用計算** ··················································· 158

　① 年間コスト（固定費）が4千万円増加する場合 ········ 158

　② 来期の経常利益を3千万円にする目標売上げは？ ······ 160

③　来期の予想売上げが21%ほどダウン、コスト（固定費）を
いくら削ればいいか？ ················································· 162


## 第7章　「損益分岐点」の計算と管理会計編

(1)　売上計画の立て方について ····································· 169
(2)　予算計画の立て方について ····································· 172
(3)　「変動費率」「限界利益率」について ························· 174
(4)　わずか5％、10％の値下げが利益に与える意外な影響 ········ 177
(5)　値引きとともに原材料費、仕入価格の上昇を販売価格に
転嫁できない場合も注意 ········································· 179
(6)　値引きがもたらす意外な影響—「値付けは経営」といわれる
ゆえん ····························································· 180
　①　値引きをしなくてよい体制作り ··························· 184
　②　値引きをしても大量に売る ······························· 184
　③　売上原価及び販売管理費を引き下げる ··················· 184
(7)　原材料、仕入価格が高騰した場合の影響 ····················· 185
(8)　売価の値引き・値上げ、売上原価率の上昇がもたらす影響と
損益分岐点 ························································· 189
(9)　部門別「損益分岐点売上高」の計算と事業計画数値の策定方法 ···· 192
　①　売上高の増加 ··············································· 196
　②　固定費のコントロール（又は削減） ····················· 196
　③　変動費の引下げ（限界利益率の引上げ） ················· 196
(10)　ビジネスモデルについて考える ······························ 199
(11)　事業の採算性について ········································ 204


## 第8章　事業計画書（数値計画）、行動計画編

(1)　事業計画書（数値計画）の作成 ······························· 208
　①　売上計画、売上原価・売上総利益の計算 ················· 209
　②　販売費及び一般管理費　計画 ····························· 211
　③　その他の販売費及び一般管理費　固定資産　計画 ········ 214

④　営業外収益・営業外費用　法人税、住民税及び事業税 ············ 217
⑵　事業計画書（数値計画）の変更 ······························· 221
⑶　事業計画書（経営計画書）から簡便的に現金預金の増減
　　（キャッシュフロー）を計算する方法 ························ 227
⑷　KPI（重要業績評価指数）と行動計画 ···················· 234


## エピローグ（終章） ······································· 239

　著者からの提言 ············································· 246
　事業計画書（フォーム）のエクセルシートサンプルのダウンロード ··· 249

# プロローグ（序章）

登場人物

―― ㈱Kプロデュース ――

桑田社長

田所経理部長　原口経理担当

若松コンサルタント

卸売業、小売業、飲食業を営む（株）Ｋプロデュースの会議室で社長の桑田、そして緊張した様子で経理部長の田所、経理担当者の原口が経理・財務コンサルタントの若松を待っている。

　社長の桑田は現在の会社の経理レベルには満足しているものの、より経営に直結する「管理会計」を導入しようとその専門家である経理・財務コンサルタントの若松より指導を受けることを決意した。

　そして、約束の時間に会議室のドアがノックされた。

桑田　社長

どうぞ　おお若松先生、おはようございます。ようこそ我が社においでくださいました。うちの経理責任者の田所経理部長と経理担当の原口君を紹介します

若松コンサルタント

経理・財務コンサルタントの若松です。よろしくお願いします

田所　経理部長

経理部長の田所です。Ｋプロデュースの経理の責任者になります。よろしくお願いします

原口　経理担当

経理担当の原口です。日商簿記検定の２級を取得し、経理の実務経験は約２年です。よろしくお願いします

桑田　社長

田所経理部長も原口君も決算書の作成や税務申告のための経理はよくやってくれているが、経営に役立つ管理会計をわが社にも導入するため若松先生に指導をお願いすることにしたんだ

田所　経理部長

社長、経営に役立つ管理会計ですか？

原口　経理担当

管理会計という言葉は聞いたことありますが、簿記検定では習わなかったわ…

桑田　社長

では若松先生、最初に管理会計とは何かについてお話いただけますか？

若松コンサルタント

はい、会計には「財務会計」と「管理会計」という分野があります。財務会計は企業外部の利害関係者（株主・債権者・銀行など金融機関・税務署）などに会社の経営成績、財政状況を報告するために「金融商品取引法」「会社法」「企業会計原則」「法人税」などを使い「決算報告書」や「法人税申告書」の作成を行う会計をいいます

田所　経理部長

私たちが普段行っている会計は、財務会計ですね

若松コンサルタント

はい、その通りです。それに対して管理会計は、自社の経営に活かすための「社内向けの会計」で英語では「マネジメントアカウンティング」といいます。社内向けの会計なので「財務会計」のような明確なルールは存在しません。財務会計を過去会計、管理会計は経営の未来を見通していくので未来会計とも言われます

原口　経理担当

管理会計は経営のための会計で未来会計と呼ばれるんですね。なんか楽しそうです！

桑田　社長

私も我が社の経理レベルに不満はないのだが、ますます先が見えない現在の状況にあって、経営の未来を予想し、少しでも早く的確な手を打てる管理会計を導入したく是非二人にも協力をお願いしたい

田所　経理部長

確かにコロナなどの感染症、原材料、仕入価格、水道光熱費などの高騰、円安の影響などますます先が読めない難しい時代になっていますね

若松コンサルタント

おっしゃる通り、新型コロナウイルス感染症による影響が長引くなか、原材料価格の高騰や円安など経済状況の不透明な状況が続いており、企業はどのような経営戦略を立てるべきかがこれまで以上に重要になっています。そうした経営戦略に役立つのが「管理会計」です。

大企業においては当たり前になっている管理会計ですが、中小・中堅企業においてもこの不透明な経済状況を乗り切るために管理会計は重要な手法です。

原口　経理担当

若松先生、管理会計は具体的にはどのようなことを行っていきますか？

若松コンサルタント

まず正確な月次損益を把握する「月次決算」の手法を学んでいただきます。次に、会社の予算を管理する「事業計画書（経営計画書）」、KPI（重要業績評価指標）の作成方法、またそれを達成するための行動計画、PDCA

サイクルなどを学びます。御社は、卸売部門、小売部門、飲食部門がありますので、部門別の損益を把握する「部門別損益計算書」の作成も必要になります。「事業計画書（経営計画書）」を策定する際には、会社の収益構造を見る「損益分岐点の計算」などを取り入れた会計手法が不可欠ですので、こちらも解説していきます。

田所　経理部長

管理会計と一言でいいますが、かなり範囲が広いのですね。

原口　経理担当

簿記検定では習わないところばかりだわ

若松コンサルタント

最後に御社の事業計画書（経営計画書）、KPI（重要業績評価指標）、行動計画を策定していきます。この行動計画に従って、KPI（重要業績評価指標）を達成しているか、月々の売上げ・利益が予定通り出ているかを確認していきます。またうまくいっている行動計画は継続し、うまくいっていない計画は変更・中止するというPDCAサイクルを月々回していきます。実はこのプロセスが中小・中堅企業の売上・業績をアップするのに一番適している方法だと私は確信しています

桑田　社長

管理会計を導入して、会社の売上げ・業績が良くなれば言うことないですな

若松コンサルタント

私は、これを会社の売上・業績を上げる管理会計手法サイクルと呼んでいます。では、これから管理会計の手法を一つ一つ解説していきますのでよろしくお願いします。

よろしくお願いします。

一同

**（ポイント）** 財務会計と管理会計

**財務会計** ⋯ 　企業外部の利害関係者（株主・債権者・銀行など金融機関・税務署）などに会社の経営成績、財政状況を報告するために「金融商品取引法」「会社法」「企業会計原則」「法人税」などを使い「決算報告書」や「法人税申告書」の作成を行う会計をいう。

　従来の会計手法をいい「過去会計」とも言われる。

**管理会計** ⋯ 　自社の経営に活かすための「社内向けの会計」、英語では「マネジメント　アカウンティング」といい、「財務会計」のような明確なルールは存在しない。

　正確な月次損益を把握する「月次決算」、会社の予算を管理する「事業計画書（経営計画書）」「資金繰り表」の作成、部門別の損益を把握する「部門別損益計算書」、会社の収益構造を見る「損益分岐点の計算」などの手法を取り入れた会計をいう。

　これからの会計手法で「未来会計」とも言われる。

第 1 章　月次決算 編

若松コンサルタント

最初に早く正確に月次決算を行う方法を解説します。以前ある社長さんから『会計事務所から送られてくる月々の試算表では黒字、すなわち利益が出ていたので安心していたところ、いざ決算を迎えて決算書を見たら赤字、当期純損失になっていた。会計事務所に理由を聞いたところ、決算で減価償却費を計上したと説明されたがこの処理は正しいですか?』という質問を受けました

原口　経理担当

簿記の検定試験では減価償却費の計上は「決算整理事項」として決算で行いました

若松コンサルタント

確かに簿記の試験では減価償却費の計上は決算で行いますが、実務では減価償却費の見積額を月々計上しないと利益が正しく把握できず、試算表では利益が出ていたのに決算書では赤字ということも起こります

(注)　現在の簿記検定では月次決算で「減価償却費」の月割計上も取り扱っています。

桑田　社長

月々利益が出ていると思っていたのに決算で赤字と言われたら何も手を打てないな

若松コンサルタント

そうなんです。ですから「月次決算」で月々の利益を正確に把握する必要があります。またスピードも重要です。社長はいつぐらいまで前月の数字を把握したいですか?

桑田　社長

そうだな……。なるべく早く、できれば月初から1週間ぐらいで前月の数字をつかみたいな。月末近くになって前月の数字がわかっても、その時点では1ヶ月経っているので手を打てないからな

田所　経理部長

経理部も頑張っているんですが、いろいろと障害がありますので…

若松コンサルタント

そうなんです。その障害をこれから一つずつ取り除いていきます。月次決算はできれば5営業以内、遅くとも10日以内には完成させたいところです。御社では5営業日以内に月次決算（試算表）を完成させることを目標に頑張りましょう

そこで一つ社長にお願いがあります。月次決算は本決算と違いスピードを優先させますので1円まで合わせる必要がありません。数万円、数十万円のズレが出る場合がありますので、そのことについて経理の責任を問わないでください。もちろんこのズレは原因がわかり次第修正しますし、業務に慣れてくるとズレも少なくなっていきます

桑田　社長

わかりました。月次決算はスピードが優先なんですね。それに我が社の規模でしたら数万円、数十万円のズレは問題ありません。

若松コンサルタント

ありがとうございます。また御社には来期の事業計画書（数値計画）を作成していただきます。この事業計画書（数値計画）の予算と実際の数値を比較・管理していきます。これを予実管理（よじつかんり）といいます。このとき試

算表の実際の数値が合っていないと予実管理をする意味がなくなります。この意味からも月次決算は重要になります

桑田　社長

予算・計画を立てて実際と比べるんですね。楽しいような怖いような…。社長の評価が毎月試されているようですね

若松コンサルタント

そうなれば毎月の試算表を見るのも楽しみになりますよ。さらに予算・売上目標を達成した時の喜びはひとしおです。
では、この後は月次決算がうまくいかない理由についてお話しします。

## (2) 「月次決算」がうまくいかない理由とは？

若松コンサルタント

次に月次決算がうまくいかない理由について解説します。月次決算を経理だけで早く正確に行おうとしても無理が生じ、失敗するケースが多いのです。

桑田　社長

経理だけではダメなんですね。月次決算は経理の仕事だと思っていました。

若松コンサルタント

もちろん月次決算の数字をまとめるのは経理の仕事ですが、営業担当者やお店などの現場の協力がないと月次決算の早期化は難しくなります。

田所　経理部長

確かに営業サイドの売掛金の締め、すなわち前月の売上げの報告が遅いことが多く月次処理が遅れることがよくあります

原口　経理担当

仕入先、外注先からの請求書が遅れることもあるわ。また実地棚卸しが間に合わないことも問題ですね

若松コンサルタント

そうなんです。月次決算が遅れる理由は売掛金の締めが遅い、仕入先、外注先からの請求書が遅れることなんです。また月々の棚卸し金額が定まらないため正確な損益が出せない場合もあります。そしてこれらは経理サイドから営業やお店など現場に頼んでも、どうしても自分の仕事が優先になり、うまく行かないケースが多いです

田所　経理部長

営業担当者は売上げを作ることに一生懸命で売掛金の締めなどの事務作業は後追いになりますよね。

若松コンサルタント

そこで桑田社長に月次決算プロジェクトリーダーになっていただきたいのです。具体的な指示の方法はこの後お話ししますが、月次決算プロジェクトリーダーの社長から営業サイドやお店などの現場、仕入先、外注先に指示やお願いを出していただきたいのです

原口　経理担当

社長からの指示であれば営業さんもお店の方も従いますね

桑田　社長

先生、わかりました。私が月次決算プロジェクトのリーダーになり指示を出しますので具体的な方法を教えてください

若松コンサルタント

了解しました。もう一つ月次決算が遅れる理由として細かい未払金の計上や毎月ほぼ定額の費用を未払金や未払費用にすべて計上していることがあります。もちろん本決算ではすべての未払金、未払費用を計上する必要がありますが、月次決算ですべての未払金や未払費用を計上するととても時間がかかります。また先程もお話ししましたように月次決算は本決算と違い１円まで利益を合わせる必要はありませんので少額の未払金や毎月ほぼ同額発生する水道光熱費などは未払いを上げず支払った時に費用を計上することで、月次処理のスピードを優先させましょう！

原口　経理担当

これは経理課だけでできますね

若松コンサルタント

それでは桑田社長を月次決算プロジェクトのリーダーに田所経理部長、原口経理担当者を実務担当として５営業日以内に月次決算が完了するよう頑張りましょう！

よろしくお願いします

一同

それでは、この後は月次決算を早く正確に行うための
「月次決算実践の7つのポイント」を解説していきます

若松コンサルタント

## (3) 「月次決算」実践の7つのポイント

### ① 月々の「売上原価」「売上総利益」を正確に計算する方法

　最初に「売上原価」「売上総利益」を正確に計算する方法を解説します。
簿記検定では「売上原価」の算定は「決算整理事項」ですので、期末にまと
めて売上原価を計算します。

　しかし、簿記検定のように売上原価の計算を年1回行う場合は当然月々の
利益は正しく計算されません。ましてブティックのように春物、秋物の仕入
れが先行するケースでは、その月の「売上総利益」がマイナスになる場合も
あります。

　少し極端な例をお話ししましょう。**図表1-1**を見てください。この例は
ブティックなど仕入れが先行する場合ですが、Ｘ年○月は売上げが1,000万
円に対して仕入れが先行したため仕入れは1,500万円となり、売上総利益は
マイナス500万円になっています。

　このように月々の棚卸しを反映しないと「試算表」は不正確なものにな
り、当然月々の利益を正確に計算する月次決算に使用することはできませ
ん。

## 図表 1-1

X年〇月

| | | |
|---|---|---|
| 売上高 | 1,000万円 | |
| 仕入高 | 1,500万円 | ← 春物の仕入れが先行した |
| 売上総利益 | △ 500万円 | ← 「売上総利益」がマイナスになっている |

（注） 説明をわかりやすくするため「月首商品」は省略しています。

この問題を解決するためには、毎月「棚卸し（お店や倉庫にある在庫を実際に調べて商品や製品などの金額を算定すること）」を行うことが理想的です。ただし、現実問題として毎月棚卸しを行う作業時間や手間がかなりかかり、現実的でありません。そこで図表のように「原価率」を用いて「月末商品」を逆算するのがおすすめの方法になります。

## 図表 1-2

X年〇月

| | | | |
|---|---|---|---|
| 売上高 | | 1,000万円 | |
| 仕入高 | 1,500万円 | | |
| 月末商品 | △ 900万円 | 600万円 | （原価率　60%） |
| 売上総利益 | | 400万円 | |

（注） 説明をわかりやすくするため「月首商品」は省略しています。

・「原価率60%」で売上原価を計算する。
　売上高1,000万円×60%＝600万円
・月末商品を逆算で求める。

仕入高1,500万円－売上原価600万円＝900万円

　**図表1-2**の事例は原価率60%とします（「原価率」は過去の決算書などに基づいて決めてください。）。Ｘ年〇月は売上げが1,000万円ですので、売上原価は600万円と計算されます（売上高　1,000万円　×　60%　＝　売上原価　600万円）。月末商品は仕入れの1,500万円から売上原価の600万円をマイナスして900万円と計算されます（仕入高　1,500万円　－　売上原価　600万円　＝　月末商品　900万円）。

　この事例では、「月首商品」を設定していませんが、「月首商品」がある場合は次の計算式で「月末商品」を計算してください（**図表1-3**参照）。

**算　式**

月首商品　＋　仕入高　－　売上原価（原価率で求めます。）　＝　月末商品

**図表1-3**

Ｘ年〇月

| | | | |
|---|---|---|---|
| 売上高 | | 1,000万円 | |
| 月首商品 | 300万円 | | |
| 仕入高 | 1,500万円 | | |
| 月末商品 | △1,200万円 | 600万円 | （原価率　60%） |
| 売上総利益 | | 400万円 | |

・「原価率60%」で売上原価を計算する。

　売上高1,000万円×60%＝600万円

・月末商品を逆算で求める。

月首商品300万円＋仕入高1,500万円－売上原価600万円＝1,200万円

　また、「会計ソフト」によっては「原価率」を入力すると「月末商品」を自動的に計算してくれるものがありますので利用することをおすすめします。ただし、上記の計算はあくまで前期までの「原価率」などを使用しているため、仕入価格や原材料の高騰などで原価率が上がっている状況では正確な月次利益は算定できませんので四半期ごと（３ヶ月に一度）、又は中間決算（半年に一度）は実際に実地棚卸しを行い、正確な利益を把握してください。

### ポイント

・毎月「実地棚卸し」を行うのが理想！　しかし現実は難しい

・毎月の棚卸しが難しい場合は「原価率」で月末商品を求める

・会計ソフトに原価率で月末商品を計算する機能があればそれを利用する

・仕入価格や原材料の高騰などで原価率が上がっている状況では四半期ごと（３ヶ月に一度）、又は中間決算（半年に一度）は実際に実地棚卸しを行い正確な利益を把握する

## ②　月々の「減価償却費」をわかりやすく表示する方法

　次に「減価償却費」をわかりやすく表示する方法を解説します。「減価償却費の計上」は簿記検定では「売上原価」と同様に「決算整理事項」ですので期末に減価償却の計算を行い、減価償却費を費用に計上します。
　しかし、簿記検定のように減価償却費の計上を年1回で行う場合は当然月々の利益は正しく計算されません。また会社によっては減価償却費が多額になるため極端な例では、月々の試算表では利益が出ていたのに決算書を作成したら赤字（損失）になるケースもあります。

　実務経理では月々、減価償却費の計上を行わないと正しい利益は計算できないので「月次決算」では年間の減価償却費の1/12の金額を試算表に計上していきます。

　**図表2-1**では、それぞれ車両運搬具、工具器具備品について月間の減価償却費を以下のように見積りました。

　車両運搬具　（年間減価償却費）1,200,000円÷12ヶ月＝　100,000円（月間見積額）
　工具器具備品（年間減価償却費）600,000円÷12ヶ月＝　50,000円（月間見積額）

---

### 図表2-1

**・減価償却費の仕訳（直接控除法）**

　（借方）減価償却費　150,000　（貸方）　車両運搬具　　100,000
　　　　　　　　　　　　　　　　　　　　　工具器具備品　　50,000

※　年間減価償却費の1/12を月々計上する

---

X年〇月　試算表（一部抜粋）

| 勘定科目 | 期首残高 | 借方金額 | 貸方金額 | 期末残高 |
|---|---|---|---|---|
| 車両運搬具 | 3,000,000 | | 100,000 | 2,900,000 |
| 工具器具備品 | 500,000 | | 50,000 | 450,000 |

　月次決算を行う際の減価償却の仕訳にはコツが一つあります。実際の「決算整理仕訳」では**図表2-1**のように「直接控除法」で仕訳する会社が多いと思いますが、月々の試算表に直接控除法で入力しますと車両運搬具、工具器具備品の売却、除却があったように表示されてしまうので、**図表2-2**のように「間接控除法」で入力するのがポイントになります。

### 図表2-2

・減価償却費の仕訳（間接控除法）

　（借方）減価償却費　150,000　　　（貸方）　減価償却累計額　150,000
※　年間減価償却費の1/12を月々計上する

X年〇月　試算表（一部抜粋）

| 勘定科目 | 期首残高 | 借方金額 | 貸方金額 | 期末残高 |
|---|---|---|---|---|
| 車両運搬具 | 3,000,000 | | | 3,000,000 |
| 工具器具備品 | 500,000 | | | 500,000 |
| 減価償却累計額 | | | 150,000 | △　150,000 |

　そして決算になりましたら「減価償却費の月割り計上」の再振替仕訳を行い、正しい減価償却費の計上の仕訳とします。具体的な仕訳は以下の通りです。

（決算時）「減価償却費の月割り計上」再振替　**（図表2-2）**の例

　（借方）　減価償却累計額　1,800,000　（貸方）減価償却費　1,800,000

　　　　１年分の減価償却費の計上　　　直接控除法での仕訳例

　（借方）減価償却費　×××　　　　（貸方）　車両運搬具　　×××
　　　　　　　　　　　　　　　　　　　　　　工具器具備品　×××
　　　　　　　　　↑
　　　１年分の減価償却費（実際額）を計上

　なお、期の途中で設備投資を行い固定資産が増加した場合や固定資産を除却・売却した場合には減価償却費の月割額を修正します。

┌─────────────────────────────────┐

**ポイント**

・年間減価償却費の1/12を「間接控除法」で試算表に入力

・期中に固定資産の増加・減少があった場合は「月割り額」を修正

・決算では「月割り額」を戻し入れ、１年分の実際の減価償却費を計上する

└─────────────────────────────────┘

### ③　月々の「売掛金」「買掛金・未払金」を素早く計上する方法

　月々の「試算表」はできれば、翌月の５営業日以内、遅くても10日以内に仕上げたいですが試算表が遅れる原因の一番が売掛金、買掛金、未払金などの数値が確定しないということです。

---

**（売掛金の締めが遅れる原因）**
- ・営業担当者が忙しく請求書の処理が後回しになる
- ・金額を１円単位まで合わせてから経理に報告する
- ・経理が催促しても営業担当者が対応してくれない
- ・得意先が多く起票や入力に時間がかかる

**（買掛金・未払金の締めが遅れる理由）**
- ・仕入先、外注先から請求書が届かない
- ・「水道光熱費」などは請求書のタイミングが決まっている
- ・仕入先、外注先が多く起票や入力に時間がかかる

---

### イ　月々の「売掛金の計上」を素早くする方法

　月々の売掛金の締めが遅れる、すなわち売上げの計上が遅れる原因の第１位は「営業担当者が忙しく請求書の処理が後回しになる」「経理が催促しても営業担当者が対応してくれない」ではないでしょうか。

　営業サイドからすると売上げを上げるノルマを達成するのが優先なので、どうしても伝票の処理が後回しになる気持ちはわかります。そして経理が督促しても「売上げを上げているのは我々で経理はその後処理ではないか」という気持ちが働き、なかなか従ってくれないケースもよく見かけます。

　そこで社長や経営幹部に「月次決算プロジェクトのリーダー」を務めてもらい、プロジェクトのリーダーの社長や経営幹部から営業サイドに月々の売掛金の締めを早くするよう（例えば、月初から３営業日以内など）指示を出してもらいます。

Kプロデュースでは、桑田社長に「月次決算プロジェクトのリーダー」を務めてもらい各営業サイドに「月初から3営業日以内」に売掛金の締めを行い、売上げを報告するよう指示を出しました。

　その際重要なのは、「月次決算」は「本決算」ではないので売掛金を1円まで合わせる必要はないということです。特に最初は会社規模にもよりますが、数万円、数十万円違っても構わないので、スピードを優先してください。業務に慣れるに従い金額の精度は上がっていきます。
　もちろん売掛金のズレは後で正確な金額に訂正しますが、売掛金の不一致、訂正について社長や経営幹部は営業担当者を叱ってはいけません。あくまでも「月次決算」はスピードを優先してください（もちろんズレの金額があまりにも大きい場合は原因を究明し改善していきます）。

　次に「得意先が多く起票や入力に時間がかかる」という問題を解決する方法ですが、**図表3-1**のように売掛金・売上げの計上を合計額で行います。
　得意先の売掛金の管理（得意先元帳又は売掛金元帳）は多くの場合エクセルや販売管理ソフトを使用していると思いますが、**図表3-1**のようにその月の合計額で仕訳を行います（部門別計算（69ページ）をしている場合には部門別で仕訳を行います。）。

## 図表 3−1

得意先元帳　一覧表　　××月

| 得意先 | 月初残高 | 当月売上 | 当月回収 | 月末残高 |
|---|---|---|---|---|
| A社 | 2,500,000 | 3,500,000 | 2,500,000 | 3,500,000 |
| B社 | 1,000,000 | 1,500,000 | 1,000,000 | 1,500,000 |
| C社 | 3,000,000 | 2,500,000 | 3,000,000 | 2,500,000 |
| (以下省略) | | | | |
| 合　計 | 56,000,000 | 66,000,000 | 55,000,000 | 67,000,000 |

↑
合計額で仕訳を行う（税抜経理処理、標準税率）

（借方）売掛金　66,000,000　　　（貸方）売　　上　　60,000,000
仮受消費税　6,000,000

（注）　会計王と販売王、弥生会計と弥生販売など同じ会社のソフトであれば
販売管理ソフトから会計ソフトに仕訳の取り込みが行えます。

　またクラウド会計もおすすめです。クラウド会計の freee では請求書を作成すると仕訳が自動的に行われます（**図表 3−2** 参照）（25ページの例は会計事務所の請求書などで「源泉徴収」が必要なため仮払源泉税が計上されています。）。

　そして売掛金が入金された際はその消込も同時に行うため得意先元帳又は売掛金元帳の作成は必要なく、会計ソフト一つで管理できます（買掛金、未払金も同様です。）。

## 図表 3-2  会計ソフト freeeの例

# 請求書

**株式会社 〇〇 御中**

下記の通りご請求申し上げます。

| 日付 | : | 2023年04月30日 |
|---|---|---|
| 請求書番号 | : | 122 |

**〇〇会計事務所**
〒〇〇〇-△△△△
東京都〇〇区△△×-×-×
〇〇ビル〇〇
電話：03-〇〇〇〇-〇〇〇〇

| 小計 | 消費税 | **合計金額** |
|---|---|---|
| 89,790円 | 10,000円 | **99,790円** |

| 振込期日 | |
|---|---|
| 振込先 | |

| 詳細 | 数量 | 単価 | 金額 |
|---|---|---|---|
| 決算手数料　令和×年3月期 | 1個 | 100,000 | 100,000 |
| 源泉所得税 | | | -10,210 |
| | | | |
| | | | |
| | | | |
| | | | |

請求書を作成すると同時に仕訳が行われ、会計ソフトに入力される

∧仕訳形式プレビュー

| 発生日 | 借方 | | | 貸方 | | |
|---|---|---|---|---|---|---|
| | 勘定科目 | 金額 | 税区分 | 勘定科目 | 金額 | 税区分 |
| 2023-04-30 | 仮払源泉所得税 | 10,210 | 対象外 | 売上高 | 110,000 | 課税売上10% |
| | 売掛金 | 99,790 | 対象外 | | | |

入金があると売掛金発生の取引が推定されます。

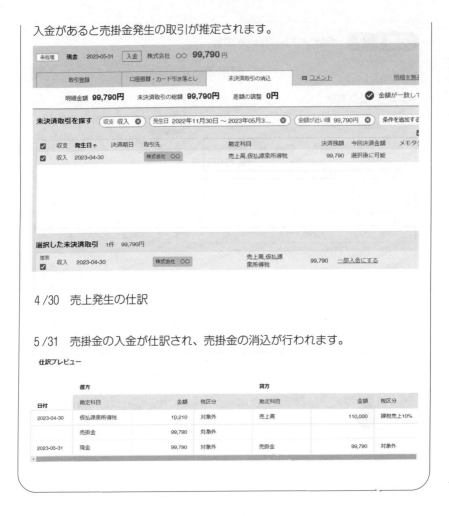

4/30　売上発生の仕訳

5/31　売掛金の入金が仕訳され、売掛金の消込が行われます。

## ロ　月々の「買掛金・未払金の計上」を素早くする方法

　仕入先、外注先からの請求書が届かないため、買掛金、未払金の計上が遅れる場合には社長や経営幹部、経理部長などから先方に「経理業務を迅速に行いたいので前月の請求書を月初から3営業日以内にメール、FAXで送ってください」と依頼しましょう。

　私の顧客の例ですが、その会社は雑誌の出版社でライターやカメラマンな

どフリー（個人）の方が多いので請求書を出すのが遅れ、月次処理も遅れていました。

　そこで社長からライターやカメラマン、仕入先などに「月次の締めを早く行いたいので前月の請求書を月初から３営業日以内にメール、FAX で送ってください。もし届かない場合は支払を翌月に回します。」と通知したところ、期日までに請求書が届くようになり、月次決算の早期化に成功しました。

　次に「仕入先、外注先が多く、起票や入力に時間がかかる」という問題を解決する方法ですが、**図表３-３**のように買掛金、未払金の計上を合計額で行います。

　仕入先、外注先の買掛金、未払金の管理（仕入先元帳又は買掛金元帳）はエクセルや販売管理ソフトを使用していると思いますが、**図表３-３**のようにその月の合計額で仕訳を行います（部門別計算（69ページ）を行っている場合には部門別で仕訳を行います。）。

**図表 3 - 3**

仕入先元帳　一覧表　　××月　　買掛金

| 仕入先 | 月初残高 | 当月支払 | 当月仕入 | 月末残高 |
|---|---|---|---|---|
| X社 | 1,500,000 | 1,500,000 | 2,500,000 | 2,500,000 |
| Y社 | 500,000 | 500,000 | 1,000,000 | 1,000,000 |
| Z社 | 2,000,000 | 2,000,000 | 3,500,000 | 3,500,000 |
| （以下省略） | | | | |
| 合　計 | 25,000,000 | 25,000,000 | 33,000,000 | 33,000,000 |

↑

合計額で仕訳を行う（税抜経理処理、標準税率）

（借方）仕　　　入　　30,000,000　　　（貸方）買掛金　　33,000,000
　　　　仮払消費税　　 3,000,000

仕入先元帳　一覧表　　××月　　未払金（外注費）

| 外注先 | 月初残高 | 当月支払 | 当月発生 | 月末残高 |
|---|---|---|---|---|
| 甲社 | 500,000 | 500,000 | 600,000 | 600,000 |
| 乙社 | 700,000 | 700,000 | 800,000 | 800,000 |
| 丙社 | 1,000,000 | 1,000,000 | 1,500,000 | 3,500,000 |
| （以下省略） | | | | |
| 合　計 | 10,000,000 | 10,000,000 | 11,000,000 | 11,000,000 |

↑

合計額で仕訳を行う（税抜経理処理、標準税率）

（借方）外 注 費　　10,000,000　　　（貸方）未払金　　11,000,000
　　　　仮払消費税　　 1,000,000

**ポイント**

・社長、経営幹部を中心に売掛金の締め（売上げの計上）が早くできる仕組みを構築

・本決算ではないので売掛金を1円まで合わせる必要はない

・売掛金の締め、仕入先、外注先からの請求書の入手は月初から3営業日を目標に

・売掛金、買掛金、未払金の計上は合計額で行う

・販売ソフトと会計ソフトとの連動などを活用する

## ④ 賞与月だけ赤字を解消する

　例えば、6月と12月に賞与の支払をした場合、その月は赤字又は利益が少なくなると思います。

　**図表4-1**をご覧ください。1月から5月までは順当に利益が出ていますが、賞与を支給した6月は営業利益が赤字（営業損失）になっています。賞与月まで（**図表4-1**では1月から5月まで）の利益を見てから賞与を決めたいという社長もいますが、「賞与月だけ赤字では月々の月次利益が把握できない」という声もよく聞きます。

| 図表4-1 | 月次推移損益計算書 | | | | | | (単位：万円) |
|---|---|---|---|---|---|---|---|
| 科目 | 累計 | 1月 | 2月 | 3月 | 4月 | 5月 | 6月 |
| 売上高 | 6,350 | 1,000 | 900 | 1,200 | 1,150 | 800 | 1,300 |
| 売上原価 | 3,120 | 500 | 420 | 610 | 530 | 400 | 660 |
| 売上総利益 | 3,230 | 500 | 480 | 590 | 620 | 400 | 640 |
| 給料 | 1,200 | 200 | 200 | 200 | 200 | 200 | 200 |
| 賞与 | 600 | | | | | | 600 |
| その他 | 770 | 120 | 110 | 130 | 150 | 100 | 160 |
| | | | | | | | |
| 販売管理費 | 2,570 | 320 | 310 | 330 | 350 | 300 | 960 |
| 営業利益 | 660 | 180 | 170 | 260 | 270 | 100 | △ 320 |

↑
賞与の支給月だけ「営業損失」になっている

　このように賞与月だけ赤字又は利益が少なくなることを避け月々正しい月次利益を計算するためには、次の賞与の支給予定額を月割りして「賞与引当金」を計上していきます。

　ここでは、**図表4-2**を例に仕訳をご紹介します。

| 科目 | 累計 | 1月 | 2月 | 3月 | 4月 | 5月 | 6月 |
|---|---|---|---|---|---|---|---|
| | | | | | | | |

**図表4-2** 月次推移損益計算書 （単位：万円）

| 科目 | 累計 | 1月 | 2月 | 3月 | 4月 | 5月 | 6月 |
|---|---|---|---|---|---|---|---|
| 売上高 | 6,350 | 1,000 | 900 | 1,200 | 1,150 | 800 | 1,300 |
| 売上原価 | 3,120 | 500 | 420 | 610 | 530 | 400 | 660 |
| 売上総利益 | 3,230 | 500 | 480 | 590 | 620 | 400 | 640 |
| 給料 | 1,200 | 200 | 200 | 200 | 200 | 200 | 200 |
| 賞与 | 100 | | | | | | 100 |
| 賞与引当金繰入 | 500 | 100 | 100 | 100 | 100 | 100 | |
| その他 | 770 | 120 | 110 | 130 | 150 | 100 | 160 |
| 販売管理費 | 2,570 | 420 | 410 | 430 | 450 | 400 | 460 |
| 営業利益 | 660 | 80 | 70 | 160 | 170 | 0 | 180 |

「賞与引当金繰入」を計上することにより、正しい「月次利益」が計算できる

## （1月から5月）

6月の賞与支給予定額 600万円 ÷ 支給対象月 6ヶ月 = 100万円
毎月計上

（借方）賞与引当金繰入 100万円 （貸方）賞与引当金 100万円

## （6月）賞与支給額 600万円

（借方）賞 与 100万円 （貸方）現金預金 600万円
　　　　賞与引当金 500万円
　　　　　↑
1月～5月までの賞与引当金を取り崩す

**（決算時）賞与引当金繰入を賞与に振り替える**

（借方）賞　　　与　1,000万円　（貸方）賞与引当金繰入　1,000万円

↑

1月〜5月　7月〜11月で1,000万円の場合

ポイント

・「賞与引当金繰入」を計上することにより、賞与支給月が赤字又は利益
　が少なくなることを解消

・賞与支給予定額を月割りして「賞与引当金繰入」を計上

・実際の賞与支給時には「賞与引当金」を取り崩す

・決算時に「賞与引当金繰入」は「賞与」勘定に振り替える

## ⑤　月々の法人税等、消費税をしっかり把握し、納税資金を準備する

　ここでは、月々の法人税、住民税、事業税及び消費税の金額をしっかり把握し、また納税資金を前もって準備しておきましょうという解説をしていきます。

　皆さんの会社では**図表5‐1**のような試算表を作成しているのでないでしょうか。
　こちらの試算表は「税引前当期純利益」までで、「法人税、住民税及び事業税」を計上していません。

### 図表5‐1

X年〇月　試算表（一部抜粋）

| 勘定科目 | 期首残高 | 借方金額 | 貸方金額 | 期末残高 |
|---|---|---|---|---|
|  |  |  |  |  |
| 税引前当期純利益 | 15,000,000 | 5,000,000 |  | 20,000,000 |
| 法人税、住民税及び事業税 |  |  |  |  |
| 当期純利益 | 15,000,000 | 5,000,000 |  | 20,000,000 |

　それに対して**図表5‐2**の試算表は「税引前当期純利益」の30％（注1　中小企業の表面税率の平均）を「法人税、住民税及び事業税」を繰り入れ、「未払法人税等」を計上しています。

## 図表 5-2

X年〇月　試算表（一部抜粋）

| 勘定科目 | 期首残高 | 借方金額 | 貸方金額 | 期末残高 |
|---|---|---|---|---|
| 税引前当期純利益 | 15,000,000 | 5,000,000 | | 20,000,000 |
| 法人税、住民税及び事業税 | 4,500,000 | 1,500,000 | | 6,000,000 |
| 当期純利益 | 10,500,000 | 3,500,000 | | 14,000,000 |

| 勘定科目 | 期首残高 | 借方金額 | 貸方金額 | 期末残高 |
|---|---|---|---|---|
| | | | | |
| 未払法人税等 | 4,500,000 | | 1,500,000 | 6,000,000 |
| | | | | |

仕訳は以下の通りです。

（借方）法人税、住民税及び事業税　1,500,000　（貸方）未払法人税等　1,500,000

このような試算表を作成する目的は次の2つになります。

### イ　社長が意識する利益を「税引後利益（当期純利益）」に変えてもらう

一つ目は社長の頭の中の利益を「税引前当期純利益」から「税引後利益（当期純利益）」に変えてもらいます。税金を払う前の利益を意識していると決算終了後に税金を払うのがどうしても惜しくなりますので、税金は「必要経費（コスト）」と割り切って税引後の利益で経営に当たってもらいます。そのうえで節税できるものがあったら、その対策を行っていきます。

### ロ　法人税などの税金を把握し、「納税資金」を確保してもらう

二つ目は常に納税資金を意識してもらいます。**図表**5-2の試算表です

と、法人税などの税金が6,000,000円になっています。必要に応じて「納税準備預金（注２）」や普段使用しない普通預金などに資金をプールしておくと納税の時に資金不足であわてることがなくなります。

　次に「消費税」の納税資金について考えてみたいと思います。令和元年（2019年）10月から標準税率10％、軽減税率８％になり、また消費税は預り金的な性質がありますので、たとえ会社が赤字（当期純損失）の場合でも納税が必要になります。消費税は法人税などの税金よりも納税資金の確保が重要になります。

　**図表５-３**の試算表は「税抜経理処理」ですが、「仮受消費税」と「仮払消費税」の差額が現在の消費税納税額になります（中間で納税した消費税はマイナスします。）。

## 図表５-３

X年〇月　試算表（一部抜粋）

| 勘定科目 | 期首残高 | 借方金額 | 貸方金額 | 期末残高 |
|---|---|---|---|---|
| | | | | |
| 仮払消費税 | 35,000,000 | 6,000,000 | | 41,000,000 |
| 仮受消費税と仮払消費税の差額が納税額 | | | | |
| 仮受消費税 | 63,000,000 | | 12,000,000 | 75,000,000 |

（注）　消費税中間納付額　12,000,000円

**図表５-３**の消費税は以下のように計算されます。

　　　　　　　　　　　　（仮受消費税）　　　　（仮払消費税）　　　　（中間納付額）
　現在の消費税負担額　　75,000,000円　−　41,000,000円　−　12,000,000円
　　　　　　　　　　＝　22,000,000円

　　　　　　　（注）　消費税中間納付額　12,000,000円

なお、「税込経理処理」の場合は、「仮受消費税」「仮払消費税」は使用しませんので会計ソフトから消費税の納税額を出力してください。

　消費税も法人税などと同様に必要に応じて「納税準備預金（注２）」や普段使用しない普通預金などに資金をプールしておくことをおすすめします。
　特に赤字（当期純損失）や利益があまり出ていない会社、資金繰りがタイトな会社はいざ決算の時に消費税の納税に困らないよう預金を分けておくといいと思います。

### （注１）　表面税率と実効税率

　　表面税率…法人税、住民税、事業税の法令などで規定されている税率を表面税率といいます。
　　　　　　　３月決算の会社の場合、５月に納税する税率です。
　　　　　　　資本金の額、利益（課税所得）により変動しますが、最低22％程度、最高36％程度（2022年度）ですが、平均ですと約30％になります。

　　実効税率…事業税は翌期の費用（損金）になり、その分翌期の法人税、住民税、事業税が下がりますので、それを加味したのが「実効税率」です。
　　　　　　　参考までに大企業の実効税率は、30.62％（2022年度）になります。

### （注２）　納税準備預金

　納税にあてる資金を預けておくための預金口座です。一般的に利率は普通預金よりも高く設定され、しかも受取利息は源泉所得税が非課税となっています。誰でも開設でき、入金は自由です。しかし、支払は原則として「租税の納付」に限られており、納税目的以外引き出した場合は利息の優遇措置及び非課税は適用されません。

## ポイント

・月々の利益に法人税等を繰り入れることで社長の利益に対する意識を「税引後利益（当期純利益）」にしてもらう

・「未払法人税等」の計上で利益に対する納税資金を認識

・「仮受消費税」―「仮払消費税」で消費税の納税額を確認

・「納税準備預金」や使用していない預金口座に法人税等、消費税の納税資金をプール

## ⑥ 「重要性の原則」を理解し、早く正確に「月次決算」を行おう

「月次決算」は本決算とは違い、1円まで正確に合わせる必要はありません。会社規模にもよりますが、数万円、数十万円ずれても構わないのでスピードを優先させましょう。「月初から5営業日以内」、遅くとも10日までには前月の試算表（月次決算）を完成させましょう。

前述の通り、試算表のズレは後で正確な金額に訂正します。しかし、利益の不一致、訂正を社長や経営幹部は経理担当者を叱ってはいけません。あくまでも「月次決算」はスピードを優先していきます。また、業務に慣れるに従い金額の制度は上がっていきます（もちろんズレの金額があまりにも大きい場合は原因を究明し改善していきます。）。

売掛金、買掛金、外注先の未払金の計上につきましては、「③ 月々の「売掛金」「買掛金・未払金」を素早く計上する方法」で説明したので、ここではその他の未払金、未払費用について解説します。

本決算では未払金や未払費用を正確に計上しますが、月次決算では次のような未払金や未払費用を計上せず「現金主義」で行ってもスピード重視という点では良いと思います
（下記の未払金、未払費用をルーティーンとして計上している会社はあえて変更するする必要はありません。）。

### イ 少額の消耗品費などの未払金

少額（会社規模にもよりますが数万円以下）の消耗品などは未払金を計上せず、現金主義（支払った時に費用計上する）で処理し、経理の効率化・スピード化を図りましょう。

### ロ 毎月ほぼ同額の費用

水道光熱費や通信費などは前月分を当月に支払いますので本決算では「未払金」や「未払費用」を計上しますが、毎月ほぼ同額であれば月次決算では

未払金を計上しないで現金主義で処理します。

　また、給料の締めが10日で給料日が25日の場合、本決算では11日から月末まで「未払費用（未払給与）」を計上しますが、給料の総額がそれほど変わらない場合、月次決算では未払費用を計上しないで支払時に費用処理（現金主義）していきます。

　また、健康保険・厚生年金などの社会保険料は前月分を支払いますので、本決算では未払金や未払費用を計上しますが、社会保険料もほぼ毎月同額ですので支払時に費用処理（現金主義）していきます。
　ただし、月末が土曜日、日曜日の場合、社会保険料の支払が翌月になり正しい月次決算の利益になりませんので、未払金、未払費用を計上しましょう。

---

**ポイント**

・少額の消耗品費などは現金主義（支払った時に費用計上）で

・毎月ほぼ同額の水道光熱費、給料、社会保険料なども同様に現金主義で

・月末が土日の場合は、未払いの社会保険料を計上

・上記の未払金、未払費用を常時計上している会社は変更の必要はなし

## ⑦　必ずしも簿記上の勘定科目にこだわらない

　経理担当者の方はどうしても簿記の勘定科目（例えば、日商簿記検定の標準勘定科目）にこだわりますが、実務では必ずしも簿記上の勘定科目にこだわる必要はありません。

　切手を購入した場合は「**通信費**」で処理しますが、ダイレクトメールを出すための切手代は「**広告宣伝費**」で処理するほうが適切です。

　また簿記では使用しない新しい勘定科目を作ることも有効です。店舗なので新しいお店を調査するための交通費や手数料は「**旅費交通費**」「**支払手数料**」で処理するのではなく「**出店調査費**」という勘定科目を作成したほうがどのくらい費用がかかっているかという実態が把握できます。

　クレームが発生するような業種では「クレーム処理費」という勘定科目を作成しどのくらいクレームのための費用が発生しているかを把握できます。また金額を毎年比較することで改善効果などもつかむことができます。ただし、「クレーム処理費」を決算書に載せるのは好ましくないので決算書作成に当たっては適当な科目に振り替えましょう。

　最近増えてきたのがクラウド会計や電子契約などのクラウド利用料です。金額が少額の時は「**通信費**」で処理しても問題ありませんが、これらの費用が多額になる場合は「**クラウド利用費**」「**IT 資産利用費**」「**IT 情報処理費**」など新しい勘定科目を作成し管理したほうがどのくらい費用が発生しているかを管理することができます。

**ポイント**

・通常切手代　→　通信費　　ダイレクトメールの切手代　→　広告宣伝費

・「出店調査費」「クレーム処理費」「クラウド利用費」「IT 資産利用費」「IT 情報処理費」など実状に合わせて勘定科目を新しく作る

・「クレーム処理費」などは決算書では他の科目に振り替える

# 第 2 章　事業計画書 （経営計画書） 作成 編

若松コンサルタント

今回は事業計画書（経営計画書）の作成方法について説明します

桑田　社長

先生、事業計画書（経営計画書）とはどのようなものですか？

若松コンサルタント

事業計画書（経営計画書）は新しい会計期間がスタートする前に翌期の売上計画、仕入計画、販売費及び一般管理費などの費用の数値を予想していきますので、数値計画、予算計画とも言われます

田所　経理部長

販売費及び一般管理費などの費用は我々経理課である程度予測が立ちますが、売上計画、仕入計画は営業やお店の現場でないと予測できないですね

若松コンサルタント

その通りです。この事業計画書（経営計画書）も社長がリーダーとなり営業担当者、お店などの現場の方、そして経理担当者と全社が協力して作成しないとうまく行きません。単に経理だけ、会計事務所やコンサルタントだけが作成したものは見栄えはいいですが、とかく実行されず失敗するケースが多いです

桑田　社長

人間は他人からの押し付けでは行動しませんが、自ら作ったものは行動せざるを得ないですからね。また経営者としては過去の数字を見るより未来の数字を自ら作るほうがワクワクしますね。また自分自身で作成した数字ですので何としても達成しようという意気込みになりますね

原口　経理担当

素朴な疑問なんですが事業計画書（経営計画書）を作っただけで売上計画は達成できるんですか？　販売費及び一般管理費などの費用は予算通りに使えばコントロールできると思いますが、売上げについては達成できるかのイメージが正直わきません

若松コンサルタント

とてもいい質問ですね。確かに事業計画書（経営計画書）を作成しただけでは売上計画を達成することはできません。事業計画書（経営計画書）の作成と同時にKPI（重要業績評価指数）を計画し、そして行動計画まで作成していきます。そして、その行動計画についてPDCAサイクルを回すことにより効果の確認や計画の変更を行っていきます

ここまで行ってはじめて事業計画書（経営計画書）が生きてきます。事業計画書（経営計画書）を作成してもうまく行かないのはKPI（重要業績評価指数）や行動計画が作られていない、又はPDCAサイクルを回していないことが失敗の原因です

原口　経理担当

事業計画書（経営計画書）、KPI（重要業績評価指数）、行動計画、PDCAサイクル、簿記の検定試験では出てこない難しい用語が並んでいるわ

若松コンサルタント

これから一つずつ解説していきますので大丈夫です。

桑田　社長

こうやってお話を聞いていると管理会計というのは正に経営の本質を突いているんですね

45

若松コンサルタント

まずは簡単なモデル会社を使って事業計画書（経営計画書）の作成手順を解説します。

一同

よろしくお願いします。

## (1) 実際に事業計画書（経営計画書）を作成する

　ここでは下記モデル会社の1月から3月までの事業計画書（経営計画書）を作成していきます。

### 【モデル会社】
・20××年12月決算　　第3期
・スポーツクラブ、パーソナルジム経営
・消費税：税抜処理

### (売上　計画)
　最初に売上計画を立てます。モデル会社の売上計画は以下の通りです。

|  | （会費収入） | （パーソナル収入） | 単位：円 |
|---|---|---|---|
| 1月 | 1,800,000 | 2,000,000 | |
| 2月 | 2,000,000 | 2,200,000 | |
| 3月 | 2,000,000 | 2,360,000 | |

| 科目 | 1月 | 2月 | 3月 | 第一四半期 |
|---|---|---|---|---|
| 売上高 | | | | |
| 会費収入 | 1,800,000 | 2,000,000 | 2,000,000 | 5,800,000 |
| パーソナル収入 | 2,000,000 | 2,200,000 | 2,360,000 | 6,560,000 |
| | | | | 0 |
| （売上　計） | 3,800,000 | 4,200,000 | 4,360,000 | 12,360,000 |
| | | | | |
| 売上原価 | | | | |
| | | | | |
| | | | | |
| | | | | 0 |
| （売上原価） | 0 | 0 | 0 | 0 |
| （売上総利益） | 3,800,000 | 4,200,000 | 4,360,000 | 12,360,000 |

　1月から3月までの「売上計画」の数値を事業計画書に入力します。今回のモデル会社はスポーツクラブ　パーソナルジム経営のため仕入れ、売上原価はありません。

**（人件費　計画）**

　1月から3月までの人件費計画を立て「事業計画書」に数値を入れていきます。

　モデル会社の数値は下記の通りです。

　実際には昇給計画、社員の募集計画をもとに予測をしていきますが、期の途中で社員が増減した場合は修正を行います。

**1月〜3月分**

| | |
|---|---|
| 役員報酬 | 730,000円／月 |
| 給与手当 | 1,100,000円／月 |
| 会社負担社会保険料 | 214,000円／月 |

| 科目 | 1月 | 2月 | 3月 | 第一四半期 |
|---|---|---|---|---|
| 販売費及び一般管理費 | | | | |
| 広告宣伝費 | 200,000 | 200,000 | 200,000 | 600,000 |
| 役員報酬 | 730,000 | 730,000 | 730,000 | 2,190,000 |
| 給与手当 | 1,100,000 | 1,100,000 | 1,100,000 | 3,300,000 |
| 法定福利費 | 214,000 | 214,000 | 214,000 | 642,000 |

## （その他　販売費及び一般管理費　計画）

　昨年の「月次試算表」などを参考に1月から3月までの「その他の販売費及び一般管理費」の数値を「事業計画書」に入れていきます。

　これらはいわゆる「予算」といわれる内容です。期の途中で事務所を借り増しするなど費用が増減する場合は数値を修正してください。

### 1月～3月分

| | | | | |
|---|---|---|---|---|
| 広告宣伝費 | 200,000円 / 月 | | 福利厚生費 | 32,400円 / 月 |
| リース料 | 72,000円 / 月 | | 修繕費 | 20,000円 / 月 |
| 事務用品費 | 10,000円 / 月 | | 消耗品費 | 20,000円 / 月 |
| 水道光熱費 | 60,000円 / 月 | | 手数料 | 200,000円 / 月 |
| 交際接待費 | 60,000円 / 月 | | 保険料 | 20,000円 / 月 |
| 通信費 | 30,000円 / 月 | | 地代家賃 | 781,000円 / 月 |
| 雑費 | 20,000円 / 月 | | | |

## （固定資産　計画）

　今期の新規固定資産の取得計画を立てます。

　「事業計画書」には、1月から3月までの「減価償却費」の見積もりを記入していきます。

　減価償却費　　見積額　　1月から3月　　200,000円 / 月

　（注）　新規の固定資産取得がある場合には、「減価償却費の見積額」を増加させます。

| 科目 | 1月 | 2月 | 3月 | 第一四半期 |
|---|---|---|---|---|
| （売上原価） | 0 | 0 | 0 | 0 |
| （売上総利益） | 3,800,000 | 4,200,000 | 4,360,000 | 12,360,000 |
| | | | | |
| 販売費及び一般管理費 | | | | |
| 広告宣伝費 | 200,000 | 200,000 | 200,000 | 600,000 |
| 役員報酬 | 730,000 | 730,000 | 730,000 | 2,190,000 |
| 給与手当 | 1,100,000 | 1,100,000 | 1,100,000 | 3,300,000 |
| 法定福利費 | 214,000 | 214,000 | 214,000 | 642,000 |
| 福利厚生費 | 32,400 | 32,400 | 32,400 | 97,200 |
| 減価償却費 | 200,000 | 200,000 | 200,000 | 600,000 |
| リース料 | 72,000 | 72,000 | 72,000 | 216,000 |
| 修繕費 | 20,000 | 20,000 | 20,000 | 60,000 |
| 事務用品費 | 10,000 | 10,000 | 10,000 | 30,000 |
| 消耗品費 | 20,000 | 20,000 | 20,000 | 60,000 |
| 水道光熱費 | 60,000 | 60,000 | 60,000 | 180,000 |
| 手数料 | 200,000 | 200,000 | 200,000 | 600,000 |
| 交際接待費 | 60,000 | 60,000 | 60,000 | 180,000 |
| 保険料 | 20,000 | 20,000 | 20,000 | 60,000 |
| 通信費 | 30,000 | 30,000 | 30,000 | 90,000 |
| 地代家賃 | 781,000 | 781,000 | 781,000 | 2,343,000 |
| 雑費 | 20,000 | 20,000 | 20,000 | 60,000 |
| （販売費及び一般管理費　計） | 3,769,400 | 3,769,400 | 3,769,400 | 11,308,200 |
| （営業利益） | 30,600 | 430,600 | 590,600 | 1,051,800 |

　以上で販売費及び一般管理費、営業利益まで完成です。

## （借入金調達・返済計画）

　「借入金調達・返済計画」から1月から3月までの「支払利息・割引料」を「事業計画書」に記入していきます。

　支払利息　　1月から3月　　42,000円／月

（注）　期の途中で新規の借入や借換えなど行う場合には数値を変更してください。

## （法人税、住民税及び事業税）

　経常利益（税引前当期純利益）の30％を「法人税、住民税及び事業税」に記入して、「当期純利益」を計算します（エクセルは自動計算します。）。

事業計画書（第3期）                                                    (20××年12月期)

| 科目 | 1月 | 2月 | 3月 | 第一四半期 |
|---|---|---|---|---|
| 売上高 | | | | |
| 会費収入 | 1,800,000 | 2,000,000 | 2,000,000 | 5,800,000 |
| パーソナル収入 | 2,000,000 | 2,200,000 | 2,360,000 | 6,560,000 |
| | | | | 0 |
| （売上 計） | 3,800,000 | 4,200,000 | 4,360,000 | 12,360,000 |
| | | | | |
| 売上原価 | | | | |
| | | | | |
| | | | | |
| | | | | 0 |
| （売上原価） | 0 | 0 | 0 | 0 |
| （売上総利益） | 3,800,000 | 4,200,000 | 4,360,000 | 12,360,000 |
| | | | | |
| 販売費及び一般管理費 | | | | |
| 広告宣伝費 | 200,000 | 200,000 | 200,000 | 600,000 |
| 役員報酬 | 730,000 | 730,000 | 730,000 | 2,190,000 |
| 給与手当 | 1,100,000 | 1,100,000 | 1,100,000 | 3,300,000 |
| 法定福利費 | 214,000 | 214,000 | 214,000 | 642,000 |
| 福利厚生費 | 32,400 | 32,400 | 32,400 | 97,200 |
| 減価償却費 | 200,000 | 200,000 | 200,000 | 600,000 |
| リース料 | 72,000 | 72,000 | 72,000 | 216,000 |
| 修繕費 | 20,000 | 20,000 | 20,000 | 60,000 |
| 事務用品費 | 10,000 | 10,000 | 10,000 | 30,000 |
| 消耗品費 | 20,000 | 20,000 | 20,000 | 60,000 |
| 水道光熱費 | 60,000 | 60,000 | 60,000 | 180,000 |
| 手数料 | 200,000 | 200,000 | 200,000 | 600,000 |
| 交際接待費 | 60,000 | 60,000 | 60,000 | 180,000 |
| 保険料 | 20,000 | 20,000 | 20,000 | 60,000 |
| 通信費 | 30,000 | 30,000 | 30,000 | 90,000 |
| 地代家賃 | 781,000 | 781,000 | 781,000 | 2,343,000 |
| 雑費 | 20,000 | 20,000 | 20,000 | 60,000 |
| （販売費及び一般管理費 計） | 3,769,400 | 3,769,400 | 3,769,400 | 11,308,200 |
| （営業利益） | 30,600 | 430,600 | 590,600 | 1,051,800 |
| 受取利息 | | | | 0 |
| 支払利息 | 42,000 | 42,000 | 42,000 | 126,000 |
| （経常利益 税引前当期純利益） | −11,400 | 388,600 | 548,600 | 925,800 |
| 法人税、住民税及び事業税 | −3,420 | 116,580 | 164,580 | 277,740 |
| （当期純利益） | −7,980 | 272,020 | 384,020 | 648,060 |

⑴　実際に事業計画書（経営計画書）を作成する　51

## ⑵ KPI（重要業績評価指数）の策定

若松コンサルタント

以上で事業計画書（経営計画書）の数値計画は完成です。次に KPI（重要業績評価指数）を決めていきます。

桑田　社長

KPI（重要業績評価指数）ですか？聞いたことはありますが、今一度説明していただけますか？

若松コンサルタント

はい。KPI とは、Key　Performance　Indicator の略で日本語では重要業績評価指数と訳されています。KPI（重要業績評価指数）は、会社や部門、チームの目標を達成するための重要な評価指数で、達成状況を観測することで、目標達成に向けた組織のパフォーマンスの動向が把握できます。また、目標値からズレが生じた場合は、チームなどが当初の計画の方向に向かっていないことになりますので行動計画の修正が必要になります。

簡単に言うと「やるべきこと」になります。それを達成すれば売上が計画通りあがるというのが理想ですが、必ずしも売上げに直結する必要はありません。ただし、KPI（重要業績評価指数）の数が多いと何が重要かわからなくなりますので、各チーム、部門に3個から5個程度までと言われています。会社によってはただ1つだけ設定している場合もあります。

原口　経理担当

経理部門の KPI（重要業績評価指数）は何かしら？

若松コンサルタント

売上げには直結しませんが、前に話した月次決算を5営業日以内に行うとか、月次決算の利益の誤差を1％以内に抑えるとかが考えられます。以下は営業やマーケティングのKPI（重要業績評価指数）の例になります。

**営業のKPI（重要業績評価指数）の例**

- アポイント件数　・成約率
- リピート率　　　・平均受注単価
- 個人営業売上高　など

**マーケティングのKPI（重要業績評価指数）の例**

- 新規顧客獲得数　・リピート率
- 顧客満足度　　　・PV数（ページ　ヴュー　ホームページへのアクセス数）
- 直帰率（ホームページを1ページしか見ないでサイトから離脱した率）など

桑田　社長

我が社は卸売り部門、小売り部門、飲食部門があるので各部門ごとにKPI（重要業績評価指数）を設定する必要があるな。当社の事業計画書（経営計画書）を策定する際には各部門とミーティングを行い決めていこう。経理のKPI（重要業績評価指数）は田所君と原口君にお願いしよう

田所　経理部長

わかりました。当面経理では月次決算を5営業日以内に行うこと、月次決算の利益の誤差を1％以内に抑えることをKPI（重要業績評価指数）にします。
それにしても管理会計は経営全般に及ぶのですね。今までの経理の概念と違い、ある意味新鮮です

若松コンサルタント

そうなんです。管理会計を成功させるためには全社が一丸となる必要があります。何度か話しましたが、管理会計は経理単独ではうまく行きません」

では、モデル会社のKPI（重要業績評価指数）を作成し、事業計画書（経営計画書）を完成させましょう。モデル会社はスポーツクラブ・パーソナルジムを経営しているのでKPI（重要業績評価指数）は一般会員数、パーソナル会員数、パーソナルセッション数の3個としました

**（モデル会社の KPI　重要業績評価指数　計画）**

| | （一般会員数） | （パーソナル会員数） | （パーソナルセクション数）　（　）は増減 |
|---|---|---|---|
| 1 月 | 230人（10人） | 54人（10人） | 180（20） |
| 2 月 | 240人（10人） | 56人（2人） | 200（20） |
| 3 月 | 240人（0人） | 60人（4人） | 216（16） |

**［事業計画書］**

事業計画書（第3期）　　　　　　　　　　　　　　　　　　　　　　　　　　（20××年12月期）

| 科目 | 1月 | 2月 | 3月 | 第一四半期 |
|---|---|---|---|---|
| 地代家賃 | 781,000 | 781,000 | 781,000 | 2,343,000 |
| 雑費 | 20,000 | 20,000 | 20,000 | 60,000 |
| （販売費及び一般管理費　計） | 3,769,400 | 3,769,400 | 3,769,400 | 11,308,200 |
| （営業利益） | 30,600 | 430,600 | 590,600 | 1,051,800 |

| | | | | |
|---|---|---|---|---|
| 受取利息 | | | | 0 |
| 支払利息 | 42,000 | 42,000 | 42,000 | 126,000 |
| （経常利益　税引前当期純利益） | −11,400 | 388,600 | 548,600 | 925,800 |
| 法人税、住民税及び事業税 | −3,420 | 116,580 | 164,580 | 277,740 |
| （当期純利益） | −7,980 | 272,020 | 384,020 | 648,060 |

KPI　重要業績評価指数

| | | | |
|---|---|---|---|
| 一般会員数（増減） | 230（10） | 240（10） | 240（0） |
| パーソナル会員数（増減） | 54（10） | 56（2） | 60（4） |
| パーソナルセッション数（増減） | 180（20） | 200（20） | 216（16） |

　「当期純利益」、「KPI（重要業績評価指数）」が入りましたら「事業計画書（経営計画書）」は完成です。

## （3）　行動計画を策定し、PDCA サイクル、KPT を理解する

　「事業計画書（経営計画書）」が完成し、KPI（重要業績評価指数）が決定しましたら、それを達成するための行動計画を作成します。
　以下は「新規顧客獲得のための行動計画」と「顧客満足度を上げるための行動計画」の一例です。

---

**新規顧客獲得行動計画のプラン例**

・紹介制度（特典を作る）の導入　　・紹介カードの作成

・駅でのチラシ配り　　・近隣でのポスティング

・SNS の活用　　・YouTube　FB 広告　　・リスティング広告

・顧客満足度を上げる　　・口コミが起こるような仕組み作り　　　など

---

**顧客満足度 UP 行動計画のプラン例**

・顧客カードの作成と活用 　・ポイントカードの作成

・顧客の名前、特徴を覚える 　・成功事例の共有

・知覚（体験）水準 　＞ 　期待水準 　・顧客の ABC 分析 　　など

　行動計画ができたらそれを実行に移し、PDCA サイクルを回していきます。

　PDCA サイクルとは、PLAN（計画）を行い、DO（実行）し、CHECK（評価）、ACTION（改善）していくことです。

　行動計画を実行してうまく行ったことは続けていく、うまく行かなかったことは改善してみる、それでもダメでしたら中止していきます。

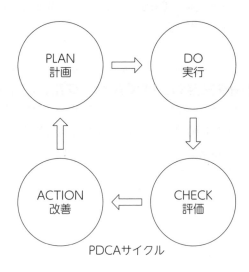

PDCAサイクル

　また、KPT という手法もあります。

　KPT とは下記のような 3 つの要素に分けて現状分析を行います。

- K：keep ＝良かったこと（今後も続けること）
- P：problem ＝悪かったこと（今後はやめること）
- T：try ＝次に挑戦すること

　ホワイトボードなどを下記のように区分して付箋を貼っていきます。ここでは、KEEP　1（効果のあったもの）、KEEP　2（もう1ヶ月継続）、PROBLEM（中止するもの）、TRY（次に挑戦すること）の4つに区分してます。

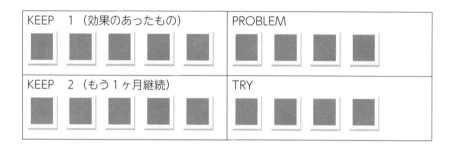

## (4)　ABC分析の手法をマスターしよう

　行動計画を策定する際、有効なのが「ABC分析」です。まず飲食店の例で説明します。飲食店のコストで一番重要なのは、「フードコスト（食材費率）」です（食材の仕入　/　売上高　×　100　で計算します。）。
　一般的にこの「フードコスト（食材費率）」は約30％です。この比率は高級店でも大衆店でも不思議と変わりません。
　しかし、儲かっている繁盛店のフードコスト（食材費率）は30％を下回り（20％台）、儲かっていない店ほど30％を上回り40％近くになります。
　これだけ見ると儲かっていない店ほど、いい食材を使っているようですが、実はフードコスト（食材費率）を押し上げている最大の理由は食材の無駄（ロス）です。儲からず、顧客が少ないため多くの食材が無駄になっています。

ある店はメニューの種類が豊富だったため、食材の無駄（ロス）を出さないよう「パレートの法則」を応用した「ABC分析」を行いました。

　一定期間（2ヶ月ほど）期間を区切って下記のように、注文の多い品から累計グラフを作り、上位1/3をAグループ、中位1/3をBグループ、下位1/3をCグループとします。

　そして下位1/3のCグループは注文も少なく食材の無駄（ロス）が発生しやすいのでメニューから外しました。上位1/3のAグループは注文が多いので欠品を起こさないよう仕入れを充実させ、中位1/3のBグループはたとえ欠品を起こしても食材の無駄（ロス）が出ないよう仕入れを抑えました。

　さらに興味深いのは、この店でも「パレートの法則」が実証されました。なんと上位1/3をAグループの売上げが総売上げの75%を占めていたのです。そのためAグループの欠品は売上げの減少（販売機会を失う）につながりますので仕入れを充実させたわけです。さらにAグループの品がさらに注文されるようメニューをより目立つように変えたり、新たに店内POPの作成を行いました。

　この「ABC分析」は取扱い商品（製品、サービス）や得意先ごとに行うことも有効です。売上げ又は利益の大きい商品（製品、サービス）、得意先上位1/3をAランク、中位1/3をBランク、下位1/3をCランクとすると会社にとってより重要な商品（製品、サービス）、得意先を把握することができます。会社の経営資源は限られていますので、Aランクの商品（製品、サービス）や得意先により人、物、時間を割くよう行動計画を策定していきましょう。

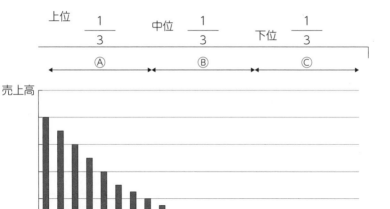

## (パレートの法則)

　「パレートの法則」は日本では「80対20の法則」で知られています。

　この法則は、1897年イタリアの経済学者のヴィルフィールド・パレートが
イギリスの所得と資産の分布を調査して発見しました。この時イギリスでは
全体の20％の人に資産総額の約80％が集中していました。

**（パレートの法則の例）**

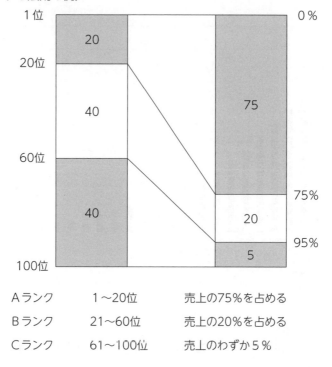

| | | |
|---|---|---|
| Aランク | 1〜20位 | 売上の75%を占める |
| Bランク | 21〜60位 | 売上の20%を占める |
| Cランク | 61〜100位 | 売上のわずか5％ |

## (5)　事業計画書（経営計画書）に基づき「予実管理」を行う

　事業計画書（経営計画書）及びKPI（重要業績評価指数）が完成し、新事業年度がスタート、実際の数字があがってきましたら予算と実績の比較を行います。これを予実管理といいます。

　この予実管理の機能は多くの会計ソフトに入っていますが、ない場合はエクセルを使用して行ってください。以下はエクセルで作成した「予算実績比較損益計算書　単月」と「予算実績比較損益計算書　累計」です。

　「予算実績比較損益計算書　単月」及び「予算実績比較損益計算書　累計」では事業計画書（経営計画書）で計画した数値に対して実際額がどのようになっているかをチェック、確認していきます。すなわち売上げが計画通

り上がっているか、販売費及び一般管理費は予算通りか、またどの科目が予算に比べて増加しているか、減少しているか、また、KPI（重要業績評価指数）が達成しているか、計画の変更は必要かなどを月次で確認していきましょう。

　また月次でよく使う資料としては「前年同月比較損益計算書　単月」「前年同月比較損益計算書　累計」「月次推移損益計算書」があります。

　「前年同月比較損益計算書　単月」及び「前年同月比較損益計算書　累計」は前年の同じ月と比較して売上や販売費及び一般管理費などの費用がどのぐらい増減しているかを確認していきます。

　また「月次推移損益計算書」は今期の数字がどのように推移しているかを売上げ、仕入れ、販売費及び一般管理費などの費用に異常値がないかなどを見ていきます。

　以上のような確認をするためには「月次決算」の数字が正しいことが前提になります。第1章の「(3)「月次決算」実践の7つのポイント」の通り、正しい月次で正しい利益（損益）が計算されていることが条件になります。

**ポイント**

・「予算実績比較損益計算書　単月」「予算実績比較損益計算書　累計」
　で予算とのズレをチェック

・KPI（重要業績評価指数）は達成されているか？　行動計画は適切か？
　変更の必要はないか？

・「前年同月比較損益計算書　単月」「前年同月比較損益計算書　累計」
　で前年同月との増減を確認

・「月次推移損益計算書」で売上げ、販売費及び一般管理費の推移と異常
　値をチェック

・上記は「正しい月次決算」が行われているのが前提

**予算実績比較損益計算書** (20××年3月度　単月)

| 科目 | 3月予算 A | 3月実績 B | 増減 B−A | 増減率 B/A |
|---|---|---|---|---|
| 売上高 | | | | |
| 　会費収入 | 2,000,000 | 2,050,000 | 50,000 | 103% |
| 　パーソナル収入 | 2,360,000 | 2,120,000 | −240,000 | 90% |
| | | | | |
| 　（売上　計） | 4,360,000 | 4,170,000 | −190,000 | 96% ◀ |
| | | | 0 | |
| 売上原価 | | | 0 | |
| | | | 0 | |

― 3月、単月では売上高は予算に比較して△190,000円、96%（4％マイナス）―

| 科目 | 3月予算 A | 3月実績 B | 増減 B−A | 増減率 B/A |
|---|---|---|---|---|
| 　（売上原価） | 0 | 0 | 0 | |
| 　（売上総利益） | 4,360,000 | 4,170,000 | −190,000 | 96% |
| | | | | |
| 販売費及び一般管理費 | | | | |
| 　広告宣伝費 | 200,000 | 195,000 | −5,000 | 98% |
| 　役員報酬 | 730,000 | 730,000 | 0 | 100% |
| 　給与手当 | 1,100,000 | 1,100,000 | 0 | 100% |
| 　法定福利費 | 214,000 | 214,000 | 0 | 100% |
| 　福利厚生費 | 32,400 | 42,000 | 9,600 | 130% |
| 　減価償却費 | 200,000 | 200,000 | 0 | 100% |
| 　リース料 | 72,000 | 72,000 | 0 | 100% |
| 　修繕費 | 20,000 | 5,000 | −15,000 | 25% |
| 　事務用品費 | 10,000 | 8,000 | −2,000 | 80% |
| 　消耗品費 | 20,000 | 25,000 | 5,000 | 125% |
| 　水道光熱費 | 60,000 | 57,000 | −3,000 | 95% |
| 　手数料 | 200,000 | 220,000 | 20,000 | 110% |
| 　交際接待費 | 60,000 | 43,000 | −17,000 | 72% |
| 　保険料 | 20,000 | 15,000 | −5,000 | 75% |
| 　通信費 | 30,000 | 28,000 | −2,000 | 93% |
| 　地代家賃 | 781,000 | 781,000 | 0 | 100% |
| 　雑費 | 20,000 | 18,000 | −2,000 | 90% |
| 　（販売費及び一般管理費　計） | 3,769,400 | 3,753,000 | −16,400 | 100% |
| 　（営業利益） | 590,600 | 417,000 | −173,600 | 71% ◀ |
| 　受取利息 | | | 0 | |
| 　支払利息 | 42,000 | 42,000 | 0 | 100% |
| 　（経常利益　税引前当期純利益） | 548,600 | 375,000 | −173,600 | 68% |
| 　法人税、住民税及び事業税 | 164,580 | 112,500 | −52,080 | 68% |
| 　（当期純利益） | 384,020 | 262,500 | −121,520 | 68% |

KPI　重要業績評価指数

| 科目 | 3月予算 A | 3月実績 B | 増減 B−A | 増減率 B/A |
|---|---|---|---|---|
| 一般会員数（増減） | 240（0） | 235 | − 5 | 98% |
| パーソナル会員数（増減） | 60（4） | 63 | 3 | 105% |
| パーソナルセッション数（増減） | 216（16） | 220 | 4 | 102% |

販売費及び一般管理費は予算とほぼ同額

営業利益は△173,600円、71%（29％マイナス）

**予算実績比較損益計算書**（20××年3月度　累計）

| 科目 | 3月予算　A | 3月実績　B | 増減 B−A | 増減率 B/A |
|---|---|---|---|---|
| 売上高 | | | | |
| 会費収入 | 5,800,000 | 6,000,000 | 200,000 | 103% |
| パーソナル収入 | 6,560,000 | 6,600,000 | 40,000 | 101% |
| | | | | |
| （売上　計） | 12,360,000 | 12,600,000 | 240,000 | 102% |
| | | | 0 | |
| 売上原価 | | | 0 | |
| | | | 0 | |

—— 3月、累計では売上高は予算に比較して＋240,000円、102%（2%プラス）——

| 科目 | 3月予算　A | 3月実績　B | 増減 B−A | 増減率 B/A |
|---|---|---|---|---|
| （売上原価） | 0 | 0 | 0 | |
| （売上総利益） | 12,360,000 | 12,600,000 | 240,000 | 102% |
| | | | | |
| 販売費及び一般管理費 | | | | |
| 広告宣伝費 | 600,000 | 650,000 | 50,000 | 108% |
| 役員報酬 | 2,190,000 | 2,190,000 | 0 | 100% |
| 給与手当 | 3,300,000 | 3,300,000 | 0 | 100% |
| 法定福利費 | 642,000 | 642,000 | 0 | 100% |
| 福利厚生費 | 97,200 | 105,000 | 7,800 | 108% |
| 減価償却費 | 600,000 | 600,000 | 0 | 100% |
| リース料 | 216,000 | 216,000 | 0 | 100% |
| 修繕費 | 60,000 | 110,000 | 50,000 | 183% |
| 事務用品費 | 30,000 | 36,000 | 6,000 | 120% |
| 消耗品費 | 60,000 | 66,000 | 6,000 | 110% |
| 水道光熱費 | 180,000 | 195,000 | 15,000 | 108% |
| 手数料 | 600,000 | 550,000 | −50,000 | 92% |
| 交際接待費 | 180,000 | 260,000 | 80,000 | 144% |
| 保険料 | 60,000 | 60,000 | 0 | 100% |
| 通信費 | 90,000 | 110,000 | 20,000 | 122% |
| 地代家賃 | 2,343,000 | 2,343,000 | 0 | 100% |
| 雑費 | 60,000 | 55,000 | −5,000 | 92% |
| （販売費及び一般管理費　計） | 11,308,200 | 11,488,000 | 179,800 | 102% |
| （営業利益） | 1,051,800 | 1,112,000 | 60,200 | 106% |
| 受取利息 | | | 0 | |
| 支払利息 | 126,000 | 126,000 | 0 | 100% |
| （経常利益　税引前当期純利益） | 925,800 | 986,000 | 60,200 | 107% |
| 法人税、住民税及び事業税 | 277,740 | 295,800 | 18,060 | 107% |
| （当期純利益） | 648,060 | 690,200 | 42,140 | 107% |

販売費及び一般管理費は予算とほぼ同額

営業利益は＋60,200円、106%（6%プラス）

**前年同月比較損益計算書** (20××年 3月度 単月)

| 科目 | 3月前期 A | 3月当期 B | 増減 B−A | 増減率 B/A |
|---|---|---|---|---|
| 売上高 | | | | |
| 会費収入 | 1,500,000 | 2,050,000 | 550,000 | 137% |
| パーソナル収入 | 1,800,000 | 2,120,000 | 320,000 | 118% |
| | | | | |
| （売上 計） | 3,300,000 | 4,170,000 | 870,000 | 126% |
| | | | 0 | |
| 売上原価 | | | 0 | |
| | | | 0 | |
| （売上原価） | 0 | 0 | 0 | |
| （売上総利益） | 3,300,000 | 4,170,000 | 870,000 | 126% |
| | | | | |
| 販売費及び一般管理費 | | | | |
| 広告宣伝費 | 150,000 | 195,000 | 45,000 | 130% |
| 役員報酬 | 600,000 | 730,000 | 130,000 | 122% |
| 給与手当 | 950,000 | 1,100,000 | 150,000 | 116% |
| 法定福利費 | 160,000 | 214,000 | 54,000 | 134% |
| 福利厚生費 | 33,000 | 42,000 | 9,000 | 127% |
| 減価償却費 | 150,000 | 200,000 | 50,000 | 133% |
| リース料 | 66,000 | 72,000 | 6,000 | 109% |
| 修繕費 | 10,000 | 5,000 | −5,000 | 50% |
| 事務用品費 | 8,000 | 8,000 | 0 | 100% |
| 消耗品費 | 15,000 | 25,000 | 10,000 | 167% |
| 水道光熱費 | 40,000 | 57,000 | 17,000 | 143% |
| 手数料 | 110,000 | 220,000 | 110,000 | 200% |
| 交際接待費 | 36,000 | 43,000 | 7,000 | 119% |
| 保険料 | 12,000 | 15,000 | 3,000 | 125% |
| 通信費 | 28,000 | 28,000 | 0 | 100% |
| 地代家賃 | 560,000 | 781,000 | 221,000 | 139% |
| 雑費 | 13,000 | 18,000 | 5,000 | 138% |
| （販売費及び一般管理費 計） | 2,941,000 | 3,753,000 | 812,000 | 128% |
| （営業利益） | 359,000 | 417,000 | 58,000 | 116% |
| 受取利息 | | | 0 | |
| 支払利息 | 36,000 | 42,000 | 6,000 | 117% |
| （経常利益 税引前当期純利益） | 323,000 | 375,000 | 52,000 | 116% |
| 法人税、住民税及び事業税 | 96,900 | 112,500 | 15,600 | 116% |
| （当期純利益） | 226,100 | 262,500 | 36,400 | 116% |

— 3月、単月では売上高は前期に比較して＋870,000円、126%（26%プラス）—

KPI 重要業績評価指数

| | | | | |
|---|---|---|---|---|
| 一般会員数（増減） | 150 | 235 | 85 | 157% |
| パーソナル会員数（増減） | 55 | 63 | 8 | 115% |
| パーソナルセッション数（増減） | 180 | 220 | 40 | 122% |

販売費及び一般管理費は前期と比較して812,000円増加

営業利益は＋58,000円、116%（16%プラス）

(5) 事業計画書（経営計画書）に基づき「予実管理」を行う　65

**前年同月比較損益計算書**（20××年3月度　累計）

| 科目 | 3月前期　A | 3月当期　B | 増減　B−A | 増減率 B/A |
|---|---|---|---|---|
| 売上高 | | | | |
| 　会費収入 | 4,800,000 | 6,000,000 | 1,200,000 | 125% |
| 　パーソナル収入 | 5,660,000 | 6,600,000 | 940,000 | 117% |
| | | | | |
| 　（売上　計） | 10,460,000 | 12,600,000 | 2,140,000 | 120% |
| | | | 0 | |
| 　売上原価 | | | 0 | |
| | | | 0 | |
| ─ 3月、累計では売上高は前期に比較して＋2,140,000円、120%（20%プラス）─ | | | | |
| 　（売上原価） | 0 | 0 | 0 | |
| 　（売上総利益） | 10,460,000 | 12,600,000 | 2,140,000 | 120% |
| | | | | |
| 　販売費及び一般管理費 | | | | |
| 　　広告宣伝費 | 500,000 | 650,000 | 150,000 | 130% |
| 　　役員報酬 | 1,800,000 | 2,190,000 | 390,000 | 122% |
| 　　給与手当 | 3,000,000 | 3,300,000 | 300,000 | 110% |
| 　　法定福利費 | 520,000 | 642,000 | 122,000 | 123% |
| 　　福利厚生費 | 85,000 | 105,000 | 20,000 | 124% |
| 　　減価償却費 | 450,000 | 600,000 | 150,000 | 133% |
| 　　リース料 | 198,000 | 216,000 | 18,000 | 109% |
| 　　修繕費 | 75,000 | 110,000 | 35,000 | 147% |
| 　　事務用品費 | 25,000 | 36,000 | 11,000 | 144% |
| 　　消耗品費 | 60,000 | 66,000 | 6,000 | 110% |
| 　　水道光熱費 | 120,000 | 195,000 | 75,000 | 163% |
| 　　手数料 | 440,000 | 550,000 | 110,000 | 125% |
| 　　交際接待費 | 160,000 | 260,000 | 100,000 | 163% |
| 　　保険料 | 36,000 | 60,000 | 24,000 | 167% |
| 　　通信費 | 84,000 | 110,000 | 26,000 | 131% |
| 　　地代家賃 | 1,820,000 | 2,343,000 | 523,000 | 129% |
| 　　雑費 | 33,000 | 55,000 | 22,000 | 167% |
| 　（販売費及び一般管理費　計） | 9,406,000 | 11,488,000 | 2,082,000 | 122% |
| 　（営業利益） | 1,054,000 | 1,112,000 | 58,000 | 106% |
| 　受取利息 | | | 0 | |
| 　支払利息 | 108,000 | 126,000 | 18,000 | 117% |
| 　（経常利益　税引前当期純利益） | 946,000 | 986,000 | 40,000 | 104% |
| 　法人税、住民税及び事業税 | 283,800 | 295,800 | 12,000 | 104% |
| 　（当期純利益） | 662,200 | 690,200 | 28,000 | 104% |

販売費及び一般管理費は前期と比較して2,082,000円増加

営業利益は＋58,000円、106%（5％プラス）

**月次推移損益計算書**（20××年12月期）

| 科目 | 合計額 | 1月 | 2月 | 3月 |
|---|---|---|---|---|
| 売上高 | | | | |
| 会費収入 | 6,000,000 | 1,900,000 | 2,050,000 | 2,050,000 |
| パーソナル収入 | 6,600,000 | 2,200,000 | 2,280,000 | 2,120,000 |
| | 0 | | | |
| （売上　計） | 12,600,000 | 4,100,000 | 4,330,000 | 4,170,000 |
| | 0 | | | |
| 売上原価 | 0 | | | |
| | 0 | | | |
| | 0 | | | |
| | 0 | | | |
| （売上原価） | 0 | 0 | 0 | 0 |
| （売上総利益） | 12,600,000 | 4,100,000 | 4,330,000 | 4,170,000 |
| | | | | |
| 販売費及び一般管理費 | | | | |
| 広告宣伝費 | 650,000 | 230,000 | 225,000 | 195,000 |
| 役員報酬 | 2,190,000 | 730,000 | 730,000 | 730,000 |
| 給与手当 | 3,300,000 | 1,100,000 | 1,100,000 | 1,100,000 |
| 法定福利費 | 642,000 | 214,000 | 214,000 | 214,000 |
| 福利厚生費 | 105,000 | 30,600 | 32,400 | 42,000 |
| 減価償却費 | 600,000 | 200,000 | 200,000 | 200,000 |
| リース料 | 216,000 | 72,000 | 72,000 | 72,000 |
| 修繕費 | 110,000 | 85,000 | 20,000 | 5,000 |
| 事務用品費 | 36,000 | 10,000 | 18,000 | 8,000 |
| 消耗品費 | 66,000 | 21,000 | 20,000 | 25,000 |
| 水道光熱費 | 195,000 | 70,000 | 68,000 | 57,000 |
| 手数料 | 550,000 | 160,000 | 170,000 | 220,000 |
| 交際接待費 | 260,000 | 110,000 | 107,000 | 43,000 |
| 保険料 | 60,000 | 23,000 | 22,000 | 15,000 |
| 通信費 | 110,000 | 40,000 | 42,000 | 28,000 |
| 地代家賃 | 2,343,000 | 781,000 | 781,000 | 781,000 |
| 雑費 | 55,000 | 20,000 | 17,000 | 18,000 |
| （販売費及び一般管理費　計） | 11,488,000 | 3,896,600 | 3,838,400 | 3,753,000 |
| （営業利益） | 1,112,000 | 203,400 | 491,600 | 417,000 |
| 受取利息 | 0 | | | |
| 支払利息 | 126,000 | 42,000 | 42,000 | 42,000 |
| （経常利益　税引前当期純利益） | 986,000 | 161,400 | 449,600 | 375,000 |
| 法人税、住民税及び事業税 | 295,800 | 48,420 | 134,880 | 112,500 |
| （当期純利益） | 690,200 | 112,980 | 314,720 | 262,500 |

KPI　重要業績評価指数

| | | | | |
|---|---|---|---|---|
| 一般会員数（増減） | | 230（10） | 240（10） | 235（−5） |
| パーソナル会員数（増減） | | 54（10） | 56（2） | 63（7） |
| パーソナルセッション数（増減） | | 180（20） | 200（20） | 220（20） |

(5)　事業計画書（経営計画書）に基づき「予実管理」を行う　　67

第 3 章 「部門別損益計算」 を理解しよう

若松コンサルタント

今回は、「部門別損益計算書」の作成について解説します。税務署や金融機関などに提出する損益計算書は会社全体のものを使用しますが、御社のように「卸売部門」「小売部門」「飲食部門」を営んでいる会社では「部門別損益計算書」を作成して各部門の損益（利益）を把握していきます

桑田　社長

確かに部門ごとの利益状況がわからなければ手の打ちようがないな

原口　経理担当

部門別損益計算書も会計ソフトを利用して作成できるんですか？

若松コンサルタント

大抵の会計ソフトは部門別損益計算書の機能を持っていますので、会計ソフトを使えばより簡単に作成することができます

田所　経理部長

部門ごとの損益が出ると各部門長の成績がはっきり出てしまいますね

若松コンサルタント

それでは御社の数字を使って部門別損益計算書の作成方法を解説していきます。なお説明の都合上、数字は簡素化してあります

よろしくお願いします

一同

## (1) 損益計算書（全社）と部門別損益計算書

**図表1**は会社全体の損益計算書（P／L）です。前にも解説しましたが、税務署や金融機関などに提出する損益計算書は会社全体のものを使用しますが、（株）Kプロデュースのように「卸売部門」「小売部門」「飲食部門」を営んでいる会社では「部門別損益計算書」を作成して各部門の損益（利益）を把握していきます。

---

**図表1**　（株）Kプロデュース　　　X月

損益計算書（全社）

（単位：千円）

| | |
|---|---:|
| 売　上　高 | 80,000 |
| 売上原価 | 55,000 |
| 　　売　上　総　利　益 | 25,000 |
| 販売費及び一般管理費 | |
| 　　給与等人件費 | 12,000 |
| 　　その他の販管費 | 11,000 |
| 　営　業　利　益 | 2,000 |
| 　　支払利息 | 80 |
| 　経常利益 | 1,920 |

---

まず会計ソフトを使用して「卸売部門」「小売部門」「飲食部門」「本社部門」ごとに売上げ、仕入れ、経費を分けて入力していきます。その際、役員、経理、総務などの「本社部門」は売上げが発生しませんので、人件費やその他の販売管理費、支払利息などの財務収益のみになります。

　上記を入力したのが**図表2**になります。会計ソフトには「部門別計算」の機能がありますので、その機能を使うのが効率的だと思います。

---

### 図表2

#### 部門別損益計算書（その1）

（単位：千円）

| | 卸売部門 | 小売部門 | 飲食部門 | 本社 | 合計(全社) |
|---|---|---|---|---|---|
| 売 上 高 | 50,000 | 20,000 | 10,000 | － | 80,000 |
| 売上原価 | 40,000 | 12,000 | 3,000 | － | 55,000 |
| 　売上総利益 | 10,000 | 8,000 | 7,000 | | 25,000 |
| 販売費及び一般管理費 | | | | | |
| 　給与等人件費 | 2,800 | 2,200 | 1,900 | 5,100 | 12,000 |
| 　その他の販管費 | 3,600 | 3,000 | 2,700 | 1,700 | 11,000 |
| 　本社振替 | | | | | － |
| 　営業利益 | | | | | 2,000 |
| 　支払利息 | － | － | － | 80 | 80 |
| 支払利息振替 | | | | | |
| 常利益 | | | | | 1,920 |

---

　次に「本社の費用」「支払利息」を各部門に振り替えます。配賦方法は「部門の売上高」「部門の売上総利益」「部門の人数」で振り替える方法などがありますが、ここでは各部門の売上総利益で「本社振替」「支払利息振替」を行います。

（売上総利益）　　卸売部門　　　小売部門　　　飲食部門　　　合計
　　　　　　　　10,000千円　　8,000千円　　7,000千円　　25,000千円
（売上総利益比率）　40%　　　　32%　　　　28%　　　　100%
（本社振替）　2,720千円　　　2,176千円　　　　1,904千円　（注1）
　　　　　　6,800千円×40%　6,800千円×32%　6,800千円×28%
（支払利息）　32千円　　　　26千円　　　　22千円　　　　80千円　（注2）
　　　　　　80千円×40%　80千円×32%　80千円×28%
（注1）　本社部門　　給与等人件費　　その他の販管費
　　　　5,100千円　＋　1,700千円　＝　6,800千円
（注2）　千円未満四捨五入で計算しています。

---

## 図表3

### 部門別損益計算書（その1）

（単位：千円）

|  | 卸売部門 | 小売部門 | 飲食部門 | 本社 | 合計(全社) |
|---|---|---|---|---|---|
| 売 上 高 | 50,000 | 20,000 | 10,000 | － | 80,000 |
| 売上原価 | 40,000 | 12,000 | 3,000 | － | 55,000 |
| 売上総利益 | 10,000 | 8,000 | 7,000 |  | 25,000 |
| 販売費及び一般管理費 |  |  |  |  |  |
| 給与等人件費 | 2,800 | 2,200 | 1,900 | 5,100 | 12,000 |
| その他の販管費 | 3,600 | 3,000 | 2,700 | 1,700 | 11,000 |
| 本社振替 | 2,720 | 2,176 | 1,904 | △6,800 | － |
| 営業利益 | 880 | 624 | 496 | － | 2,000 |
| 支払利息 | － | － | － | 80 | 80 |
| 支払利息振替 | 32 | 26 | 22 | △ 80 | － |
| 経常利益 | 848 | 598 | 474 | － | 1,920 |

※「本社振替」「支払利息」は売上総利益の比率（卸売部門40%　小売部門32%　飲食部門28%）により配分

**図表3**は本社部門と支払利息を振り替えた「部門別損益計算書」になります。Kプロデュースの X 月の「部門別損益」は、卸売部門　848千円、小売部門　598千円、飲食部門　474千円と計算されました。

## (2) 「管理可能利益」とは？

　会社として経営資料で**図表3**を使用することは問題ありませんが、各部門の評価にこの「部門別損益計算書」を使用するのは好ましくない場合があります。

　その理由は各部門長は本社の経費や支払利息をコントロールできないからです。例えば「○○部門、赤字だからもっと頑張って利益を出せ」と言われても「そもそも赤字の原因は本社部門の振り替えなので、本社がもっと経費を節約すれば」という反論が返ってくる場合があります。

　そこで部門長を交えて「部門別の評価」を行う場合には次の「管理可能利益」という手法がおすすめです。

　**図表4**は本社部門と支払利息を振り替えないで「管理可能利益」を計算しました。Kプロデュースの X 月の「部門別・管理可能利益」は、卸売部門3,600千円、小売部門　2,800千円、飲食部門　2,400千円と計算されました。

**図表4** 本社（共通費）の配賦方法と「管理可能利益」

A社　X月

<u>部門別損益計算書（その2）</u>

（単位：千円）

|  | 卸売部門 | 小売部門 | 飲食部門 | 本社 | 合計(全社) |
|---|---|---|---|---|---|
| 売　上　高 | 50,000 | 20,000 | 10,000 | － | 80,000 |
| 売上原価 | 40,000 | 12,000 | 3,000 | － | 55,000 |
| 　売上総利益 | 10,000 | 8,000 | 7,000 |  | 25,000 |
| 販売管理費・支払利息 |  |  |  |  |  |
| 　給与等人件費 | 2,800 | 2,200 | 1,900 | 5,100 | 12,000 |
| 　その他の販管費 | 3,600 | 3,000 | 2,700 | 1,700 | 11,000 |
| 　支払利息 | － | － | － | 80 | 80 |
| 　管理可能利益 | 3,600 | 2,800 | 2,400 | △6,880 (注) | 1,920 |
| 本社振替（注） | 2,752 | 2,202 | 1,926 | △6,880 | － |
| 経常利益 | 848 | 598 | 474 | － | 1,920 |

※「本社振替」は売上総利益の比率（卸売部門40%　小売部門32%　飲食部門28%）により配分

（本社振替）　2,752千円　　　　　2,202千円　　　　　1,926千円
　　　　　　6,880千円×40%　6,880千円×32%　6,880千円×28%

## (3)　「部門別損益計算書」のメリット・デメリットと「生態系モデル経営」

　（株）Kプロデュースのように「卸売部門」「小売部門」「飲食部門」を営んでいる会社では、会社全体の損益計算書（P／L）を見ても各部門の売上げや経費、利益の額は把握できませんので、「部門別損益計算書」を作成して各部門の損益（利益）を把握していきます。

　「部門別損益計算書」のメリットとしては、このように「部門別の業績が把握できる」「どの部門を伸ばせばよいかなど各部門の分析と改善策を見つ

けることができる」「部門別の目標設定が可能」などがあげられます。

　また、会社全体の損益計算書（P／L）では、本社費用（役員部門、経理・総務部門等）などの間接費用がどのぐらいかかっているか把握できませんが、「部門別損益計算書」ではその金額が明らかになりその改善策なども見つけ出すことができます。

　逆に「部門別損益計算書」のデメリットとしては、特に社長など経営幹部が部門に利益目標を厳しく設定すると部門間で競争が起こる可能性があります。また本社経費など間接経費が浮き彫りになり、本社経費の按分で不満が出ることもあります。

　「本社経費の按分で不満が出る」ことは前述しました「管理可能利益」を計算することである程度解消できますが、例えば、部門ごとで取扱い商品が違う（売れる商品を扱っている部門と販売しにくい商品を扱っている部門があるなど）、部門によって商圏が違う（優良な顧客がいる商圏を扱っている部門と過疎地域を担当している部門があるなど）、ベテランが多くて人件費が高い部門と若手が多く人件費の負担が軽い部門があるなど、部門ごとの特徴にも配慮する必要があります。

　さらに会社には利益は出ませんが必要な部門もありますので、そのような部門への配慮も必要になります。

　私事ですが以前ある人材派遣会社の派遣の方向けに経理研修を行っていました。受講料は有料ですが、その会社の派遣の方向けでしたので非常に低額でした。おそらく会社としてはほとんど利益が出ないか赤字の状態だったと思います。その会社の研修は経理以外も貿易実務、英会話、パソコンスキルなどメニューも豊富なため受講生の方もとても喜んでいました。しかしある時、それらの研修が一斉に中止になりました。これは私の想像ですが、経営陣が変わり、「利益が出ない部門は撤退しろ」と指示を出したのではないかと思います。

　このような研修部門など利益が出なくても必要な部門ありますので、そのような部門への配慮が必要です（先ほどの人材派遣会社も現在は研修を再開しています。）。

余談としてグーグルのケースをお話しします。グーグルの収益源の大半は
オンライン広告であり、他の事業、例えば、グーグルマップやグーグルアー
スから収益を上げることは考えていないそうです。

　全体として会社を一つの『生態系』と捉えているため、事業別の細かな採
算管理をしないという経営方針です。

　このような配賦しない経営管理モデル、利益責任が問われない組織を許容
する経営管理を「生態系モデル経営管理」といいます。

## ポイント 「部門別損益計算書」のメリット・デメリット

（メリット）


・部門別の業績が把握できる
・どの部門を伸ばせばよいかなど各部門の分析と改善策を見つけることができる
・部門別の目標設定が可能
・本社費用など間接経費の把握と改善ができる


（デメリット）


・部門間で競争が起こる可能性がある
・本社経費など間接経費が浮き彫りになる
・本社経費の按分で不満が出る。→ 「管理可能利益」を見ることである程度解消
・利益が出ないが必要な部門に配慮が必要

第 4 章　資金繰り（キャッシュフロー）、経営分析 編

## （1）資金繰り、キャッシュフローの重要性

若松コンサルタント

> 今回はキャッシュフロー、資金繰りについて解説します

桑田　社長

> 資金繰りの重要性は肌で感じているんだがなかなか勉強する機会がなくて…

原口　経理担当

> 簿記の検定でもキャッシュフロー、資金繰りはあまり勉強しないので苦手意識があります

田所　経理部長

> 会社の現金預金がなくなれば会社は倒産してしまいますね

若松コンサルタント

> そうなんです。会社、社長、従業員にとって、最も不幸なことは会社が倒産することです。その会社で働く従業員の家族も、仕入先などの取引先も同時に不幸に見舞われます。
> 今、田所さんからご指摘があったように会社の倒産とは、会社に現金預金（キャッシュ）がなくなることです。社長など経営陣の最大の望みは倒産の心配なく会社が順調に発展していくことではないでしょうか

桑田　社長

> 従業員や仕入先に多大な迷惑をかける倒産だけは絶対避けたいな

若松コンサルタント

社長や経営陣の方に『経営上の一番の心配は何ですか？』と質問すると、返ってくる答えで一番多いものは「会社の現金預金（キャッシュ）がなくなること」、又は「現金預金（キャッシュ）が少なくなること」です。

そうです、会社にとって一番の悩みはお金の悩み、資金繰りの悩みなのです。

私も会社を経営していますが、確かに会社の現金預金（キャッシュ）が少なくなった時が一番不安になります。簿記会計も決算書も重要ですが、それでも経営で一番大切なのは現金預金（キャッシュ）だと思います。

会社の預金通帳のお金が十分にある時は自信を持って経営に専念できますが、預金通帳の残高が少なくなると、とたんに恐怖に襲われます

田所　経理部長

経理部長として現金預金残高だけは常に支払がショートしないように気を付けています

原口　経理担当

私はまだ新人なので会社にお金があることは当然だと思っていました

若松コンサルタント

次に、現金預金（キャッシュ）が多い会社のメリット、現金預金（キャッシュ）が少ない会社のデメリットをみてみましょう。

○現金預金（キャッシュ）が多い会社のメリット

・社長、経営幹部、従業員が元気で安心して経営に当たることができる

・現金預金（キャッシュ）に余裕があるので長期的視野で経営に当たるこ

とができる
- ・売上を増やすための広告宣伝費などを使える
- ・必要な固定資産を購入又はリースすることができる

## ○現金預金（キャッシュ）が少ない会社のデメリット
- ・常に倒産の恐怖に怯え、会社の雰囲気も暗くなる
- ・現金預金（キャッシュ）に余裕がなく長期的視野で経営に当たることができないので、どうしても短期的、行き当たりばったりの経営になる
- ・てっとり早くお金がほしいので、過度の値引き販売を行う
- ・広告宣伝など販売促進にお金が使えないため新規のお客が増えない
- ・固定資産（店舗や備品）も古いままで、やがてお客も来なくなる

若松コンサルタント

いかがですか。
やはり現金預金（キャッシュ）に余裕がないと会社はどんどん活力がなくなってしまいます。逆に現金預金（キャッシュ）に余裕があると長期的視野で経営できますので、この差は非常に大きなものになります。まして、この差が5年、10年続いたら……と想像するだけでも恐ろしくなります

桑田　社長

我が社は経理がしっかりして現金預金も十分にあるので私も余裕をもって経営に当たることができるが、現金預金がかつかつの状態で経営するのは考えただけでも身震いするな

原口　経理担当

先生、赤字では会社は倒産しないのですか？

若松コンサルタント

極論ですが、赤字だけでは会社は潰れません。もちろん、赤字が何年も続き、現金預金（キャッシュ）がなくなってしまえば倒産します。しかし、赤字だけでは倒産しません。例えば、赤字でも潰れない会社の例として次のような二つのパターンがあります。

　イ　社長一族で経営している小さな会社で、社長が役員報酬をたくさん取り、会社は赤字になっている。会社のお金が足りない時は社長が会社に貸し付ける。

　ロ　親会社が優良で子会社が赤字になっても資金援助してもらえる。

逆に「黒字倒産」という言葉があるように会社が黒字（利益を出している）の場合でも、会社に現金預金（キャッシュ）がなくなると会社は潰れてしまいます。このように会社が倒産するというのは、利益うんぬんの問題ではなく会社に現金預金（キャッシュ）がなくなった状態をいいます

原口　経理担当

黒字でも倒産することがあるということは利益と資金繰りは別物なんですね

若松コンサルタント

良いところに気づかれました。利益と資金繰りは必ずしもイコールではありません

桑田　社長

私もなぜ利益が出ているのにお金が減るのか理解できないのだが…

田所　経理部長

肌感覚として資金繰りはわかりますが、私もしっかり勉強したことはありません

若松コンサルタント

それでは資金繰り（キャッシュフロー）の仕組み、なぜ利益が出ても資金繰りが良くならないか、などを実際の決算書を使って解説したいと思います

よろしくお願いします。

一同

---

**ポイント**　**会社は赤字だけでは潰れない**

しかし、黒字でも倒産することはある

黒字倒産の例

・多額の固定資産の購入、又は過大な設備投資

・急成長による運転資金の増大

・不良在庫の発生

・不良売掛金の発生

・得意先の倒産による連鎖倒産

・借入金の過大返済　　　など

## (2)　現金預金が増加する原因、減少する原因

「資金繰り（キャッシュフロー）を良くする、悪くする4つの原因」について解説したいと思います。

最初に問題を出します。

皆さんが社長など経営幹部から「半年先の資金繰りが厳しいから、現金預金を増やす方法、又は現金預金が減らない方法を考えてほしい。」と言われたとします。

さて、現金預金を増やす方法、現金預金が減らない方法はいくつもありますが、皆さんはいくつ挙げられますか。

是非ここで続きを読むことを一旦中断して、その方法を紙に書いてみてください（実務上、可能かどうかは無視して、考えつく方法をできるだけ多く書いてください。）。

いかがですか。

皆さんは、いくつの方法を列挙できたでしょうか。

ここで皆さんが紙に書いたことをもう一度確認してください。どのような方法を考えたとしても、資金繰り（キャッシュフロー）を良くする原因は、下記のように4つに分類されます。

### ①　現金預金が増加する仕組み

まず、現金預金が増加する仕組みを貸借対照表（B/S）、損益計算書（P/L）を以下のように図形化して説明します（説明を単純にするために数字は簡略化してあります。）。

| B/S | | | P/L | |
|---|---|---|---|---|
| 現金預金10 | 負債70 | | 費用95 | 収益100 |
| 現金預金<br>以外の資産<br>90 | 純資産<br>30 | | 当期純利益5 | |
| (100) | (100) | | (100) | (100) |

会社の現金預金が増加する原因は次の4つに分類されます。

**イ　現金預金以外の資産が減少する**
**ロ　負債が増える**
**ハ　増資する　（純資産が増加する）**
**ニ　利益を出す（同じく純資産が増加する）**

以下、一つずつ解説していきます。

## ②　「現金預金以外」の資産を減らす

　現金預金を増加させる原因の一つ目は「現金預金以外の資産」の減少になります。
　下図の通り「現金預金以外の資産」が減少すると現金預金は増加します（すべて他の要素は変わらないと仮定して説明しています。）。

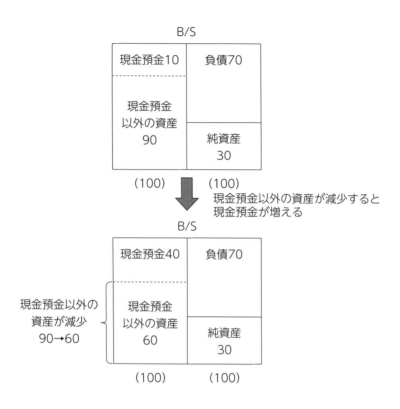

B/S

| 現金預金10 | 負債70 |
| 現金預金以外の資産 90 | 純資産 30 |
| (100) | (100) |

現金預金以外の資産が減少すると
現金預金が増える

B/S

| 現金預金40 | 負債70 |
| 現金預金以外の資産 60 | 純資産 30 |
| (100) | (100) |

現金預金以外の資産が減少 90→60

「現金預金以外の資産」が減少するとは具体的には以下をいいます。

・売掛金、受取手形の回収　　・受取手形の割引、裏書譲渡
・棚卸資産（商品・製品など）の減少（在庫の圧縮）
・有価証券、固定資産の売却　・貸付金、立替金、未収入金の回収
・保険積立金や敷金の解約　　など

　逆に以下のように「現金預金以外の資産」が増加しますと現金預金は減少します。

・売掛金、受取手形の増加　　・棚卸資産（商品・製品など）の増加（在庫が増える）
・有価証券、固定資産の購入　・貸付金、立替金、未収入金の増加
・保険積立金や敷金などが増える　　など

### ③ 負債を増やす

現金預金を増加させる原因の二つ目は負債の増加になります。
下図の通り、負債が増えると現金預金は増加します。

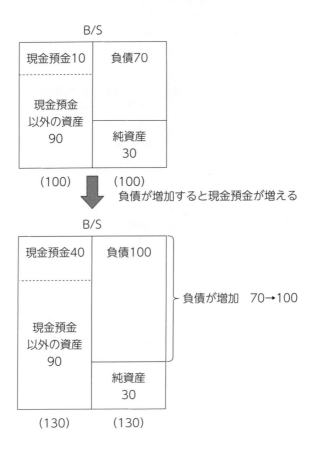

負債が増加するとは具体的には以下をいいます。
・新規の借入れ　　・社債の発行　　・買掛金、未払金の増加
・支払手形の発行　・前受金の増加　　など

逆に以下のように負債が減少すると現金預金は減少します。
・借入金の返済　　・社債の償還　　・買掛金、未払金の支払

・支払手形の決済　　・前受金の減少　　　など

　負債は必ず後で返済、支払が来ますので、もちろんむやみに負債を増やすのは危険ですが、負債が増えると一時的には現金預金は増加します。

### ④　増資する（純資産を増やす）その1

　現金預金を増加させる原因の三つ目は増資になります。
　下図の通り、増資を行うと「純資産」の「資本金」が増え現金預金が増加します。

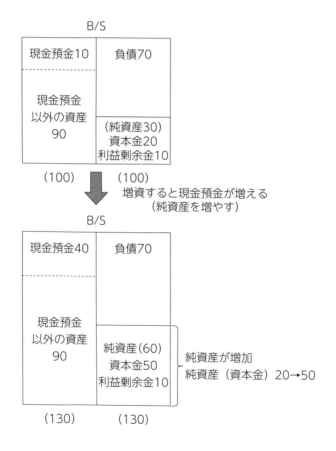

B/S

| 現金預金10 | 負債70 |
| 現金預金<br>以外の資産<br>90 | （純資産30）<br>資本金20<br>利益剰余金10 |
| （100） | （100） |

増資すると現金預金が増える
（純資産を増やす）

B/S

| 現金預金40 | 負債70 |
| 現金預金<br>以外の資産<br>90 | 純資産（60）<br>資本金50<br>利益剰余金10 |
| （130） | （130） |

純資産が増加
純資産（資本金）20→50

89

逆に株主に対する配当金の支払、自社株の取得、日本ではあまり行いませんが、払い戻し減資を実施しますと「純資産」が減少し、現金預金も減ります。

## ⑤　利益を出す（純資産を増やす）その2

現金預金を増加させる原因の四つ目は「利益の計上」になります。

下図の通り、損益計算書（P/L）で利益が出ると「純資産」の「利益剰余金」が増え現金預金が増加します。

損益計算書（P/L）の「当期純利益」を増やす方法は、上記のように「収益を増やす」と「費用を減らす」の2つがあります。

収益を増やす
　　・売上を増加させる（売上数量を増加させる、単価を上げる）
　　・受取利息、受取配当金を増やす　　　・為替差益を出す
　　・給付金、助成金など雑収入を増やす　　　など

費用を減らす
　　・売上原価、製造原価を減らす（コストダウン）
　　・販売費及び一般管理費を減らす（経費の削減）
　　・支払利息、割引料を減らす　　　など

上記とは逆に「当期純損失（赤字）」を出しますと「純資産」の「利益剰余金」が減少し、現金預金も減ります。

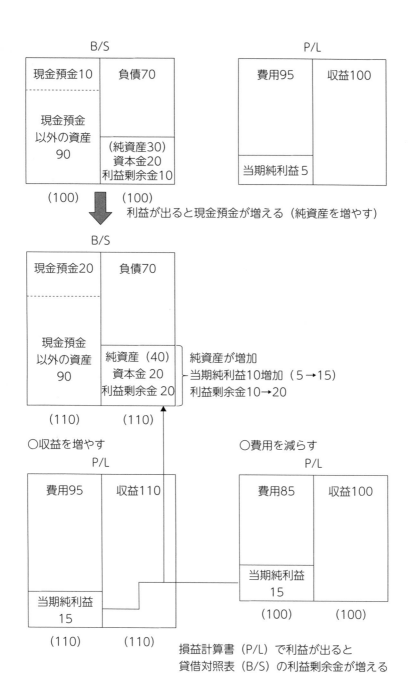

B/S

| 現金預金10 | 負債70 |
| 現金預金<br>以外の資産<br>90 | (純資産30)<br>資本金20<br>利益剰余金10 |
| (100) | (100) |

P/L

| 費用95 | 収益100 |
| 当期純利益5 | |

利益が出ると現金預金が増える（純資産を増やす）

B/S

| 現金預金20 | 負債70 |
| 現金預金<br>以外の資産<br>90 | 純資産（40）<br>資本金20<br>利益剰余金20 |
| (110) | (110) |

純資産が増加
- 当期純利益10増加（5→15）
利益剰余金10→20

○収益を増やす

P/L

| 費用95 | 収益110 |
| 当期純利益<br>15 | |
| (110) | (110) |

○費用を減らす

P/L

| 費用85 | 収益100 |
| 当期純利益<br>15 | |
| (100) | (100) |

損益計算書（P/L）で利益が出ると
貸借対照表（B/S）の利益剰余金が増える

(2) 現金預金が増加する原因、減少する原因　91

## ポイント

会社の現金預金が増加する原因は次の4つに分類される。

イ　現金預金以外の資産が減少する

ロ　負債が増える

ハ　増資する　（純資産が増加する）

ニ　利益を出す（同じく純資産が増加する）

↓

逆に会社の現金預金が減少する原因は次の4つに分類される。

イ　現金預金以外の資産が増加する

ロ　負債が減る

ハ　配当金の支払、自社株の取得　（純資産が減少する）

ニ　損失（赤字）を出す（同じく純資産が減少する）

## (3) なぜ資金繰り（キャッシュフロー）は4つに分類されるか？

　簿記ではすべての勘定科目を次の5つに分類しています。貸借対照表（B/S）は「資産」と「負債」「純資産」グループ、損益計算書（P/L）は「収益」と「費用」グループに分類されます。

　資金繰り（キャッシュフロー）を良くする4つの原因の「イ　現金預金以外の資産を減らす」「ロ　負債を増やす」「ハ　増資」は貸借対照表（B/S）の「資産」「負債」「純資産」の内容になります。

　資金繰り（キャッシュフロー）を良くする4つの原因の「ニ　利益を出す」の項目に入っているのは「収益」と「費用」グループになりますので、損益計算書（P/L）の内容になります。

　以上の説明のように　簿記ではすべての勘定科目は「資産」「負債」「純資産」「収益」「費用」の5つに分類されます。会社のお金の出入りを表しているのが簿記ですので、資金繰り（キャッシュフロー）を良くする原因は4つに集約することができるのです。

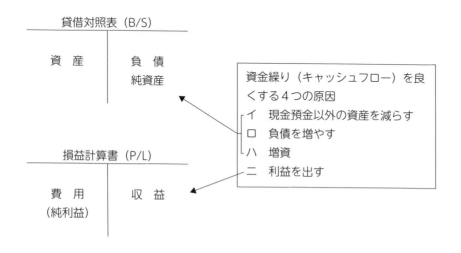

## (4) 利益が出ても現金預金がないのはなぜか？

　決算や月次で、社長に「今期（先月）は1,000万円の利益が出ました。」と報告すると社長から「1,000万円の利益が出たというが、そんなにお金は残っていない。なぜですか？」と質問を受けることがあります。

　理由はもうおわかりだと思いますが、資金繰り（キャッシュフロー）は解説しましたように「利益（損失）」を含めて４つの原因により決定されるからです（非上場の中小企業で増資や減資、株主配当金の支払いがない場合にはそれ以外の３つの原因で資金繰りが決定されます。）。

　利益が出ても資金繰りが苦しいケースの一つ目は、「利益」以上に「現金預金以外の資産が増加」している場合です。

　具体的には、得意先の倒産などにより回収できない不良売掛金が増大したケース、売れない商品など不良在庫が増大したケース、本社ビルや工場の建設、新規出店や設備投資などを利益以上に行っているケースが当たります。

　利益が出ても資金繰りが苦しいケースの二つ目は、「利益」以上に「借入金の返済など負債が減少」している場合です。

　以前、ある社長から「利益が出ているけれども資金繰りが苦しい。原因を調べてほしい」というご相談がありました。早速「決算書」を分析してみますと、「借入金」の返済が多すぎることが原因でした。

　この社長は「借金」が嫌いで早く返済しようと「返済期間」を短く設定していました。会社の業績が良い時は利益も多く計上され、この計画でも借入金を返済することができましたが、会社の業績が落ち、以前ほど利益が上がらなくなってきますとこの返済計画では「利益」以上に借入金を返済しているため資金繰りが苦しくなっていました。

　そこで金融機関に相談して現在の「利益」でも借入金が返済できるような返済計画に見直してもらうようアドバイスしました（具体的には、返済期間を延ばしてもらうことになります。これを「リスケジュール」、略して「リスケ」と呼んでいます。）。

## ⑸ 資金繰り（キャッシュフロー）を良くする４つの原因の優先順位

　最後に「資金繰り（キャッシュフロー）を良くする４つの原因」の優先順位について確認しましょう。

　皆さんは資金繰り（キャッシュフロー）を良くする４つの原因に優先順位をつけるとしたら、どのようになると思いますか。

　正解は、次の順番です。
　１．利益を出す
　２．現金預金以外の資産を減らす
　３．増資
　４．負債を増やす


　何と言っても一番目は「利益を出すこと」です。

　二番目の現金預金以外の資産を減らす（又は増やさない）も重要です。しかし、期日前の売掛金は回収できませんし、店舗であれば一定の在庫も必要です。また、会社には建物、機械、備品などの固定資産も必要になりますので、「現金預金以外の資産を減らす」ことにはおのずと限界があります。

　また、三番目の「増資」は良い方法ですが、非上場会社では、オーナーの出資には限度がありますし、第三者に出資してもらうことは経営権の面で不安ですので、残念ながらこの方法は非上場会社では現実的ではありません。

　四番目の「負債を増やす」は、つけをあとに残します。もちろん資金が不足する場合、銀行など金融機関から借入れをすることは必要ですが、できれば避けたい方法です。


　繰り返しになりますが、「資金繰り（キャッシュフロー）を良くする４つの原因」のなかで「利益を出す」以外の方法は、限界があったり、つけをあとに残しますので、会社が利益を計上できないと、やがて資金繰りに行き詰まってしまいます（バブル景気までは、土地価額が上昇していましたので、土地を担保して金融機関から借入れをして、経営状態が悪化した場合には、土地を処分して借入金を返済することができましたが、現在の経済環境では

この方法は難しくなっています。）。

## (6) 決算書から現金預金（キャッシュ）増減の要因を見る

### ① 決算書から現金預金（キャッシュ）増減の要因を見る

次に、資金繰り（キャッシュフロー）が上記4つの原因で動いているかを「決算書」を使って1年間のキャッシュフロー（現金預金の増減）を計算することにより検証してみましょう。

決算書（**図表1**）を見てください（損益計算書、株主資本等変動計算書は一部を記載しています。また計算事例なので数字は簡素化しています。）。

**図表1**

(第1期)

貸借対照表（B/S）　（単位：百万円）

| 現金預金 | 150 | 買掛金 | 50 |
|---|---|---|---|
| 売掛金 | 120 | 借入金 | 100 |
| 商品 | 80 | （純資産） | 200 |
| 資産合計 | 350 | 負債純資産合計 | 350 |

(第2期)

貸借対照表（B/S）　（単位：百万円）　　　損益計算書（P/L）

| 現金預金 | 100 | 買掛金 | 40 |
|---|---|---|---|
| 売掛金 | 200 | 借入金 | 80 |
| 商品 | 130 | （純資産） | 360 |
| 車両運搬具 | 50 | | |
| 資産合計 | 480 | 負債純資産合計 | 480 |

当期純利益　　200百万円

株主資本等変動計算書

支払配当金　　40百万円

これはある会社の第1期と第2期の決算書です。これらを使って第2期のキャッシュフロー（現金預金の増減）を一緒に計算してみたいと思います。

　最初に現金預金の増減を計算してみましょう。

　第1期の現金預金は、150百万円、第2期の現金預金が100百万円ですので、それぞれ（**図表2**）の現金預金の第1期、第2期の個所に記入し増減を計算してください。増減は第2期の現金預金から第1期の現金預金をマイナスしますので、△50百万円（第2期現金預金100百万円　－　第1期現金預金150百万円）と計算されます（**図表3**が解答になります。）。

　第2期は現金預金が50百万円減少していることがわかります。


　次にキャッシュフロー（資金繰り）良くなる原因の一つである「利益」について見てみましょう。第2期の損益計算書（P/L）の「当月純利益」は200百万円ですので、**図表2**の当期純利益も第2期の箇所に記入します。


　ここまでのところで、この会社の第2期は当期純利益が200百万出ましたが、現金預金は逆に50百万円も減少したことがわかりました。このような「決算書」を税理士や経理担当者が何も説明しないまま持っていきますと、社長は「なんで利益が出ているのに現金預金は減っているのか？」と疑問を感じてしまいますので、次の説明を社長にしっかり行ってください。


　次に資金繰り（キャッシュフロー）に影響を与える原因の「現金預金以外の資産」がどうなっているか見ていきましょう。

　第1期の現金預金以外の資産は、資産合計の350百万円から現金預金の150百万円をマイナスして200百万円、第2期の現金預金以外の資産は、資産合計の480百万円から現金預金の100百万円をマイナスして380百万円と計算されますので、それぞれ（**図表2**）の現金預金以外の資産の箇所に記入し、増減を計算します。そして現金預金以外の資産の増減は180百万円と計算されます（第2期　現金預金以外の資産380百万円　－　第1期　現金預金以外の資産200百万円）。


　次に「負債」を見てみましょう。第1期の負債が150百万円（買掛金50百万円＋借入金100百万円）、第2期の負債が120百万円（買掛金40百万円＋借

入金80百万円）となり増減は、△30百万円と計算されます（第2期　負債120百万円　－　第1期　負債150百万円）。

　これで**図表2**の上の表の部分が完成しました。答えの**図表3**と確認してみてください。

　次に**図表2**の下の部分を完成させていきます。
　最初に「当期純利益」です。第2期は利益が出ましたので（　　）のなかに（増加）と記入してください。金額は上で記入した200百万円になります。
　次に、資金繰り上　＋or－　という部分は、第2期は利益が出ていますのでキャッシュフロー（資金繰り）はプラスになりますので（　　）のなかに（＋）と記入してください。
　逆に当月、当期純損失（赤字）が出た場合には、資金繰り（キャッシュフロー）はマイナスになりますので（　　）のなかに（－）と記入します。

　同様に「現金預金以外の資産」を記入します。「現金預金以外の資産」は増加していますので（　　）のなかに（増加）と記入してください。金額は上で計算した180百万円になります。「現金預金以外の資産」の増加は資金繰り（キャッシュフロー）ではマイナスになりますので（　　）のなかに（－）と記入してください。
　逆に「現金預金以外の資産」が減少した場合には、資金繰り（キャッシュフロー）はプラスになりますので（　　）のなかに（＋）と記入します。

　次に「負債」を計算します。「負債」は減少していますので（　　）のなかに（減少）と記入してください。金額は上で計算した30百万円になります。「負債」の減少は資金繰り（キャッシュフロー）ではマイナスになりますので（　　）のなかに（－）と記入してください（今回の負債のように**図表1**で△になった場合は**図表2**では（減少）とし、数字だけ入れてください。）。
　逆に「負債」が増加した場合には、資金繰り（キャッシュフロー）はプラスになりますので、（　　）のなかに（＋）と記入します（「利益」「現金預金以外の資産」「負債」の増減が資金繰り（キャッシュフロー）に与える

影響につきましては、「資金繰り（キャッシュフロー）を良くする、悪くする４つの原因」を復習してください。）。

　最後に配当金の支払を記入します。第２期　株主資本変動計算書から配当金は40百万円支払っていますので、**図表２**の「配当金の支払い」の箇所に記入します。「配当金の支払い」はキャッシュフロー（資金繰り）はマイナスになりますので（　　）のなかに（ － ）と記入します。

　「当期純利益」「現金預金以外の資産」「負債」「配当金の支払い」の４つの要素の記入が終わりましたら、資金繰り上　＋or－　の（ ＋ ）はプラス計算、（ － ）はマイナス計算で電卓を入れてみてください。
　いかがですか。
　先に計算した「現金預金」の増減とピタリ一致したと思います（「当期純利益」200百万円－「現金預金以外の資産の増加」180百万円－「負債の減少」30百万円－「配当金の支払い」40百万円＝△50百万円で第２期の現金預金の減少と一致）。

　すなわち、この会社の第２期は「当期純利益」は計上されましたが、「現金預金以外の資産」の増加、及び「負債」の減少、「配当金の支払い」が「当期純利益」以上であったため「利益」が出たのに、「現金預金」は逆に減少したわけです。

　今回は「決算書」を使って１年間の資金繰り（キャッシュフロー）を計算しましたが、１ヶ月の資金繰り、３ヶ月（四半期）、６ヶ月（中間）の資金繰りもそれぞれ「１ヶ月の試算表」「３ヶ月の試算表又は四半期決算書」「６ヶ月の試算表又は中間決算書」を使って計算できますので是非試してみてください。

## 図表2

(単位：百万円)

|  | 第 1 期 | 第 2 期 | 増　減<br>（第2期−第1期） |
|---|---|---|---|
| 現金預金 |  |  |  |
| 現金預金<br>以外の資産 |  |  |  |
| 負　債 |  |  |  |
| 当期純利益 |  |  |  |

資金繰り上　＋ or −

当 期 純 利 益　（　　）＿＿＿＿百万円（　　）

現金預金以外の資産　（　　）＿＿＿＿百万円（　　）

負　　　　債　（　　）＿＿＿＿百万円（　　）

配当金の支払い　　　　＿＿＿＿百万円（　　）

増　　減　＿＿＿＿百万円

↑

現金預金の増減と一致

## 図表3

（単位：百万円）

|  | 第 1 期 | 第 2 期 | 増　減<br>（第2期−第1期） |
|---|---:|---:|---:|
| 現金預金 | 150 | 100 | △　50 |
| 現金預金<br>以外の資産 | 200 | 380 | 180 |
| 負　債 | 150 | 120 | △　30 |
| 当期純利益 | | 200 | |

資金繰り上　＋ or −

| | | |
|---|---|---|
| 当 期 純 利 益 | （増加） 200百万円 | （ ＋ ） |
| 現金預金以外の資産 | （増加） 180百万円 | （ − ） |
| 負　　　債 | （減少） 30百万円 | （ − ） |
| 配当金の支払い | 40百万円 | （ − ） |
| 増　　減 | △50百万円 | |

↑
現金預金の増減と一致

## ② どのような科目が増加・減少したか？

　次にこの会社の第1期決算書と第2期決算書でどのような科目が増減しているかを見ていきましょう。

　まず「売掛金」を見てください。「売掛金」は80百万円増加しています（第2期　売掛金200百万円−第1期　売掛金120百万円）。これは増加しているからいけないということではなく、この「売掛金」が正常であるか、不良売掛金かに注目してください。正常な「売掛金」であれば翌月、又は翌々月に回収されますので問題ありません。

　次は「商品」です。「商品」も50百万円増加しています（第2期　商品130百万円−第1期　商品80百万円）。在庫も増加しているからいけないということではなく、この「商品」が正常在庫であるか、不良在庫かに注目してください。正常な「商品」は販売できれば現金預金で回収されますので問題ありません。ただし、「不良売掛金」や「不良在庫」が発生し、「現金預金以外の資産」が増加している場合には、早急な対策が必要になります。

　また、現金預金以外の資産では、固定資産である「車両運搬具」が増加していますが、固定資産などの設備投資も必要かつ適正額であれば問題ありません。無駄な投資、利益以上の設備投資は資金繰り悪化の原因になりますので注意が必要です。

　負債は「買掛金」「借入金」が減少しています。「売掛金」「商品」が増加しているのに「買掛金」が減少すると「運転資金」が増大し、資金繰り（キャッシュフロー）が悪化します。

　また、「借入金」が減少していますが、無理な借入金の返済は資金繰り（キャッシュフロー）のマイナス要因になります。

第5章　最低限押さえて
おきたい経営分析 編

## (1) 最低限押さえておきたい3つの経営分析

若松コンサルタント

> 今回は会社として押さえておきたい経営分析について解説します

桑田　社長

> 経営分析が重要なのはわかりますが、数が多くてなかなか覚えられないですね

田所　経理部長

> 社長の仕事は財務だけではなく、営業、人事など会社全体を見なければいけないですからね

若松コンサルタント

> 確かに、よく社長など経営幹部の方から経営分析が重要なのはわかるが、たくさんは覚えられない。これだけは最低限押さえておけばいいという経営指数はありますか？と聞かれることがあります。その場合、次の3つの経営指数を押さえてくださいとお答えしています

原口　経理担当

> 社長、3つなら覚えられますね

若松コンサルタント

> その最低限の3つの経営指数は次の通りです。
>
> 1．営業利益に占める正味支払金利の割合
> 2．自己資本比率
> 3．総資産経常利益（ROA）

「営業利益に占める正味支払金利の割合」は損益計算書（P／L）の数値です。この「営業利益に占める正味支払金利の割合」が30％以下であれば損益計算書（P／L）は合格です。

「自己資本比率」は、貸借対照表（B／S）の数値になります。この「自己資本比率」が30％以上であれば貸借対照表（B／S）が合格になります。

そして、「総資産経常利益（ROA）」は会社の経営効率、資金繰り（キャッシュフロー）を見ています。

この３つが良い会社は、損益計算書（P／L）、貸借対照表（B／S）、経営効率、資金繰り（キャッシュフロー）がいいわけですから現在の経営は良好というわけです

田所　経理部長

確かに、損益計算書（P／L）、貸借対照表（B／S）が良くて資金繰り、経営効率も良ければ会社として問題ないですね

若松コンサルタント

よって最低限の経営指数といわれると上記の３つの経営分析をおすすめしています

原口　経理担当

この３つだけを見ていれば会社は安全ですか？

若松コンサルタント

いいえ。これらの経営分析は「現在の経営状態」ですので、他の要素として「成長性」は重視してください。会社がしっかり成長しているか、また、新商品の開発、新規事業への参入、大規模なM＆A（企業買収や合併）などの「いわゆる未来のための投資」を行っていないと現在の経営状況がよくても会社は将来じり貧になります

桑田　社長

田所くん、我が社の数字はどうかね？

田所　経理部長

社長、ちょっと待ってくださいね…営業利益に占める正味支払金利の割合、自己資本比率、総資産経常利益（ROA）の数字はすべて合格です

桑田　社長

そうか、それは良かった。当面、我が社も安泰だな

原口　経理担当

社長、会社の成長性も忘れずにお願いしますね

**ポイント** 最低限押さえておきたい 3 つの経営分析

1. 営業利益に占める正味支払金利の割合　　30%以下（低い方が良い）

　　➡️　損益計算書（P/L）が良い


2. 自己資本比率　　　　　　　　　　　　　30%以上（高い方が良い）

　　➡️　貸借対照表（B/S）が良い


3. 総資産経常利益（ROA）　　　　　　　　10%以上（高い方が良い）

　　➡️　経営効率、資金繰り（キャッシュフロー）が良い


　　他に、会社の成長性、将来性も重要！

## (2) 営業利益に占める正味支払金利の割合

「営業利益に占める正味支払金利の割合」を計算してみましょう。ちょっと耳慣れない経営分析かもしれませんが、下記の算式になります。

---

**算　式**

$$\text{営業利益に占める正味支払金利の割合} = \frac{\text{正味支払金利（支払利息・割引料 − 受取利息・配当金）}}{\text{営業利益}} \times 100$$

（注）　割引料は、決算書では「手形売却損」「手形譲渡損」と表示されます。

---

分子は支払利息・割引料から受取利息・配当金を差し引いた、正味の支払金利を計算しています。この時、この数値がマイナスになる会社がありますが、これは、支払利息・割引料よりも受取利息・配当金が多いという意味です。つまり、無借金会社など財務内容の良い会社ですので、この指数を気にする必要はありません。

分母は、「営業利益」で割っています。「営業利益」は本業の儲けです。この指数は、営業利益（本業の儲け）のうち何％を金融機関などに金利として支払っているかをみています。この指数は、30％以下が健全とみられる目安です。30％超になりますとだんだんと資金繰り（キャッシュフロー）が悪化していきます。わずか30％と思われるかもしれませんが、これは金利だけの計算です。実際には金利に加えて借入金元本も返済していますので、是非とも30％以下に抑えてください。

この割合が30％を超えますと次第に資金繰り（キャッシュフロー）に影響が出てきます。

50％になりますとせっかく本業で稼いでも、半分が支払利息・割引料と銀行の支払に充てられますので、会社には半分の50％しか営業利益が残りません。

　さらに、営業利益に占める正味支払金利の割合が80％、90％になりますと本業の儲け（営業利益）の大半が銀行など金融機関の支払利息・割引料の支払に消え、会社には営業利益の10％、20％ほどしか残りませんので、当然資金繰り（キャッシュフロー）はますます悪化していきます。

　この「営業利益に占める正味支払金利の割合」が100％超えますと、本業の儲け（営業利益）の全額を支払利息・割引料に充ててもまだ不足しているということです。このような状態が何年か続きますと最悪倒産してしまいます。

　この営業利益に占める正味支払金利の割合は低いほうが良いということはおわかりいただけたと思いますが、では、この数値を下げるためにはどうしたらいいでしょうか。

　一つの方法として、分子の正味支払金利を下げる方法があります。正味支払金利を下げるには、支払利息・割引料を下げるか、受取利息・配当金を上げるかですが、資金繰りの厳しい会社が支払利息・割引料を下げたり、この低金利の時代、受取利息・配当金を上げることは不可能に近いと思います。

　もう一つの方法は、分母の「営業利益」を上げることです。
「営業利益」は、以下の算式で計算されます。

---

**算　式**

**営業利益 ＝ 売上高 － 売上原価 － 販売費及び一般管理費**

---

　すなわち、営業利益を上げるには、「売上高を上げるか」「売上原価を下げるか」「販売費及び一般管理費を下げるか」の３つの方法があるのです。

経営判断になりますが、例えば、新規顧客の開拓、リピーター客の増大、売れ筋商品を増やすなどにより、売上の増加が見込めないか、新しい仕入ルートの開拓、飲食業でしたら食材の無駄をカットするなどして、売上原価を下げられないか、また、経費の見直しにより販売費及び一般管理費を減少できないかなどを考えてください。

　この営業利益に占める正味支払金利の割合は、売上高、売上原価、販売費及び一般管理費、及び分子には企業の財務活動が入っています。したがって、この指数が良くなる（下がる）ことは経営全体が良くなっていることを示しています。逆に、この指数が悪くなる（上がる）ことは経営全体が悪くなっていることを示しています。

**図　表**

$$\text{営業利益に占める正味支払金利の割合} = \frac{\text{正味支払金利（支払利息・割引料－受取利息・配当金）}}{\text{営　業　利　益}} \times 100$$

（注）　割引料は、決算書では「手形売却損」「手形譲渡損」と表示されます。

| （A社） | | |
|---|---|---|
| P/L | 売上高 | 120千万円 |
| | 営業利益 | 10 |
| | 受取利息・配当金 | 0.3 |
| | 支払利息・割引料 | 0.6 |

| （B社） | | |
|---|---|---|
| P/L | 売上高 | 1,080千万円 |
| | 営業利益 | 10 |
| | 受取利息・配当金 | 1 |
| | 支払利息・割引料 | 6 |

（A社）　$\dfrac{0.6千万円－0.3千万円}{10千万円} = 3\%$　　（B社）　$\dfrac{6千万円－1千万円}{10千万円} = 50\%$

数字の目安

[営業利益に占める正味支払金利の割合]

| 超優良 | 5％未満～無借金 | 注意 | 30％超50％以下 |
|---|---|---|---|
| 優良 | 5％以上10％未満 | 黄色信号 | 50％超100％未満 |
| 良 | 10％以上20％未満 | 危険 | 100％以上 |
| 並 | 20％以上30％以下 | | |

**コラム** ── **マイカル倒産の予兆は２年以上前から決算書に現れていた**

マイカルの「営業利益に占める正味支払金利の割合」

（平成12年２月期）　　　（平成13年２月期）

　142.1%　　　　　　　　104.0%

　平成13年秋に経営が破綻した株式会社マイカルの決算書を分析すると、その直近２年間の「営業利益に占める正味支払金利の割合」はいずれも100%を超えていました。すなわち、株式会社マイカルは本業の儲けである「営業利益」の全額を支払金利に充当してもまだ支払は不足していたわけです。

**（ポイント）** 営業利益に占める正味支払金利の割合を下げる方法

「営業利益に占める正味支払金利の割合」を下げる（改善する）には分子、分母を以下の方向に

（小さく）

$$\text{営業利益に占める正味支払金利の割合} = \frac{\text{正味支払金利（支払利息・割引料－受取利息・配当金）}}{\text{営 業 利 益}} \times 100$$

（大きく）

（注）　割引料は、決算書では「手形売却損」「手形譲渡損」と表示される。

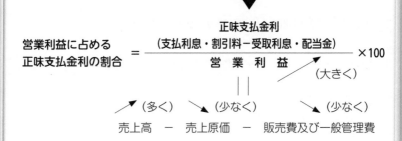

$$\text{営業利益に占める正味支払金利の割合} = \frac{\text{正味支払金利（支払利息・割引料－受取利息・配当金）}}{\text{営 業 利 益}} \times 100$$

（大きく）

||

（多く）　　　（少なく）　　　　（少なく）

売上高　－　売上原価　－　販売費及び一般管理費

資金繰り（キャッシュフロー）が悪い会社が分子の「正味支払金利」を下げるのは不可能なので分母の「営業利益」を上げる

営業利益を上げるには、3つの方法がある
　・売上を上げる　　・売上原価（コスト）を下げる　　・販売費及び一般
　　　　　　　　　　　　　　　　　　　　　　　　　　　管理費を下げる
　　　　　　　　　　　　　　　　　　　　　　　　　　　（経費の削減）

（分子）財務を示す

$$営業利益に占める \atop 正味支払金利の割合 = \frac{正味支払金利 \atop \frac{（支払利息・割引料－受取利息・配当金）}{営 業 利 益}}{} \times 100$$

（分母）本業を示す

※　数字が低い（又は分子がマイナス）　　本業も財務も良好

※　数字が高い　本業が悪い、財務が悪い　又は　本業も財務も悪い
　　　　　　（改善は上記109ページからを参照）

## (3)　自己資本比率

### ①　自己資本比率の計算方法

算 式

$$\frac{純資産の部（自己資本）}{負債の部（他人資本）＋純資産の部（自己資本）} \times 100$$

まずは、簡単な事例で解説します。

A社は、「資産100億円　負債70億円　純資産30億円」ですので「自己資本比率」は下記の通り30％と計算されます。

（A社）　　（借方）　　　　　貸借対照表（B／S）　　　　（貸方）

| 資　　産 | 負　　債　70億円 |
|---|---|
| 100億円 | 純 資 産　30億円 |
| （100億円） | （100億円） |

〈自己資産比率〉

$$\frac{純資産30億円}{負債70億円　+　純資産30億円} \times 100 = 30\%$$

B社は、「資産50億円　負債10億円　純資産40億円」ですので「自己資本比率」は下記の通り80％と計算されます。

（B社）　　（借方）　　　　　貸借対照表（B／S）　　　　（貸方）

| 資　　産 | 負　　債　10億円 |
|---|---|
| 50億円 | 純 資 産　40億円 |
| （50億円） | （50億円） |

〈自己資産比率〉

$$\frac{純資産40億円}{負債10億円　+　純資産40億円} \times 100 = 80\%$$

上記の例では、A社の「自己資本比率」は30％、B社の「自己資本比率」は80％ですので、自己資本比率の高いB社の会社のほうが財務内容はいい状態といえます。

「自己資本比率」は高いほうが会社の財務内容は良くなります。そして「自己資本比率」の合格点は30％以上といわれています。また、「自己資本比率」が40％以上になりますと会社は財務的に非常に安定し、50％以上になりますとまず倒産しないといわれています。

逆に好ましくないのが「自己資本比率」が10％未満に低下しているケースです。少し前の話になりますが、景気の悪い時に「マイカル　そごう　福助」などの会社が倒産（会社更生法や民事再生法の適用）しましたが、最後は「自己資本比率」が３％から５％に低下していました。

　上場会社といえども「自己資本比率」が10％を下回り一桁になりますと会社は危険な状態に陥ります。

**数字の目安**

[自己資本比率]

| 超優良 | 50％以上 | 中の上 | 20％以上30％未満 |
|---|---|---|---|
| 優良 | 40％以上50％未満 | 並 | 10％以上20％未満 |
| 良 | 30％以上40％未満 | 危険 | 10％未満 |

## ②　純資産（自己資本）の内容と純資産（自己資本）を大きくする方法

　では、純資産（自己資本）を大きくして「自己資本比率」を高めるにはどのようにすればいいでしょうか。

　そのためには純資産（自己資本）の内容を理解する必要があります。会社の純資産（自己資本）は性格の違う次の２つで構成されています。

### イ　株主の払込金

　Ｃ社の貸借対照表（117ページ）を見てください。（純資産の部）に「資本金」があります。この会社の「資本金」は5,000万円ですが、この5,000万円は会社の株主が払い込んだ金額になります。

株式会社では、いったん「資本金」を入れてもらうと会社清算まで払い戻ししません。

　現在の会社は「清算」を前提に経営していませんので、実質「資本金」は会社では返済不要の資金になります。

### □　過去の利益の蓄積（内部留保）

　純資産（自己資本）を構成するもう一つは、過去の利益の蓄積（内部留保）になります。

　もう一度C社の貸借対照表を見てください。（純資産の部）に「利益剰余金」がありますが、この「利益剰余金」は過去の利益の蓄積（内部留保）になります。

　モデル会社の当期の「利益剰余金」は7,500万円ですが、この金額が会社設立から今までに出した利益の合計金額になります。

　さらにこの「利益剰余金」は会社が税金を払い、株主に配当した後の利益ですので、この「利益剰余金」も返済不要の資金になります（正確には次の「株主総会」での配当金は支払われていません。）。

　この「利益剰余金」を別名「内部留保」といいます。会社の貸借対照表を見て「この会社は内部留保が大きい、内部留保が厚い」というと過去に多くの利益を出し、「利益剰余金」が大きい会社をいいます。逆に「内部留保が小さい、内部留保が薄い」というと過去にあまり利益が出ていない（又は損失を出している）「利益剰余金」が少ない会社をいいます。

（C社）　（借方）　　　　貸借対照表（B／S）　　　　（貸方）

| （資　産） | （負　債） |
|---|---|
| | （純 資 産） |
| | 資本金　　　　50,000,000 |
| | 利益剰余金　　75,000,000 |

　したがって、会社の純資産（自己資本）を大きくするには次の2つの方法
があります。

・　**株主の払込金を増やす　　→　増資をする**

・　**利益剰余金（内部留保）を増やす　　→　利益を出す**

　ちなみに、上記の逆を行いますと会社の純資産（自己資本）は減少しま
す。日本ではあまり行いませんが、「払い戻し減資」をしますと純資産（自
己資本）は減少します。

　また会社が赤字（純損失）を出すと純資産（自己資本）は減少します。
「純資産」80億円の会社は80億円の赤字（純損失）まで耐えられます。も
し、「純資産」80億円の会社が80億円の赤字（純損失）を出しますと「純資
産」は0円になります。

　「純資産」1億円の会社は1億円の赤字（純損失）までしか耐えられませ
ん。もし、「純資産」1億円の会社が2億円の赤字（純損失）を出しますと
「純資産」は△1億円になります。この会社は、資産の額より負債の額が大
きくなり、この状態を「債務超過」といいます。

**貸借対照表（B／S）で損失（赤字）耐久力を見る**

（A社）

| | B/S | | （億円） |
|---|---|---|---|
| 資産 | 100 | 負債 | 20 |
| | | 純資産 | 80 |
| （合計） | 100 | （合計） | 100 |

A社　80億円の損失（赤字）まで耐えられる

（B社）

| | B/S | | （億円） |
|---|---|---|---|
| 資産 | 10 | 負債 | 9 |
| | | 純資産 | 1 |
| （合計） | 10 | （合計） | 10 |

B社　1億円の損失（赤字）までしか耐えられない

（B社）

| | B/S | | （億円） |
|---|---|---|---|
| 資産 | 10 | 負債 | 11 |
| | | 純資産 | △1 |
| （合計） | 10 | （合計） | 10 |

B社が2億円の損失（赤字）を出すと← 債務超過に

（注）　実際の会社経営では、純資産がプラスでも「現金預金」がなくなると倒産します。

（ポイント）　純資産（自己資本）の内容のまとめ

　会社の純資産（自己資本）は次の2つです。


①　株主の払込金
　「資本金」勘定で表示され、株主が出資した金額、会社を清算しない限り返済不要の資金


②　過去の利益の蓄積（内部留保）
　「利益剰余金」と表示され、会社設立から今までに出した利益の合計金額、「利益剰余金」は会社が税金を払い、株主に配当した後の利益なので返済不要の資金


　純資産（自己資本）の内容は、①　株主の払込金　②　過去の利益の蓄積（内部留保）、上記のように「返済不要の資金」ですので、このような「返済不要の資金」が大きくなると「自己資本比率」が高くなり財務内容の良い会社になる。


　また、純資産（自己資本）を大きくする方法は次の2つです。


①　株主の払込金　→　増資
②　過去の利益の蓄積（内部留保）　→　利益を出す

**「自己資本比率」でわかる会社の財務体質**

---

○　財務内容が良い会社は自己資本比率が高い

ファンケル　自己資本比率　74.0%

B／S

| 流動資産 | 55.5 | 流動負債 | 14.3 |
| | | 固定負債 | 11.7 |
| 固定資産 | 44.5 | 自己資本（純資産の部） | 74.0 |
| | 100 | | 100 |

（2022年 3 月期　連結貸借対照表（B／S）より）

（注）　貸借対照表（B／S）の左側（借方）、右側（貸方）をそれぞれ100％と
　　　して計算しています。

ユニクロ　自己資本比率　46.3%

B／S

| 流動資産 | 68.7 | 流動負債 | 23.2 |
| | | 固定負債 | 30.5 |
| 固定資産 | 31.3 | 自己資本（純資産の部） | 46.3 |
| | 100% | | 100% |

（2021年 8 月期　連結貸借対照表（B／S）より）

○　上場会社でも「自己資本比率」10％を下回ると危険

マイカル　自己資本比率　7％

B／S

| 流動資産 | 24 | 流動負債 | 42 |
| 固定資産 | 76 | 固定負債 | 51 |
| | | 自己資本（資本の部） | 7 |
| | 100 | | 100 |

（倒産直前の決算書より）

（注）　商法の時の決算書は「純資産の部」は「資本の部」と表示されていた。

そ　ご　う　自己資本比率　5％

B／S

| 流動資産 | 31 | 流動負債 | 92 |
| 固定資産 | 69 | 固定負債 | 3 |
| | | 自己資本（資本の部） | 5 |
| | 100 | | 100 |

（倒産直前の決算書より）

B／S

| 流動資産 | 48 | 流動負債 | 82 |
|---|---|---|---|
| 固定資産 | 52 | 固定負債 | 15 |
| | | 自己資本（資本の部） | 3 |
| | 100 | | 100 |

（倒産直前の決算書より）

大木建設　債務超過

B／S

| 流動資産 | 53 | 流動負債 | 99 |
|---|---|---|---|
| 固定資産 | 47 | | |
| | 100 | 固定負債 | 12 |
| | | | 111 |

自己資本（資本の部）△11

※　債務超過…資産より負債が大きくなり「純資産の部（上記は商法の時の決算書なので「資本の部」）」がマイナスになる。

## (4)　総資産経常利益率（ROA）

### ①　総資産経常利益率（ROA）の計算方法

「総資産経常利益率」（ROA：Return On Total Assets）とは、総資産に対して何％の経常利益が出ているかを見る指数です。

> **算　式**
>
> $$総資産経常利益率（\%）＝\frac{経\;常\;利\;益}{\substack{総\;資\;産\\（又は総資本（負債の部＋純資産の部））}}×100$$

多くの経営分析の本で、「総資本経常利益率」という用語で説明していますが、「総資産経常利益率」といったほうがわかりやすいのではないでしょうか。

総資本（負債の部＋純資産の部、貸借対照表の貸方）は総資産（貸借対照表の借方）と一致しますので、「総資産経常利益率」という言い方もできます。英語ではROA（リターン　オン　トータル　アセット）といい、総資産（トータル　アセット）に対する利益（リターン）を求めています。

この経営指数は経営の効率を見ているわけです。例えば、A社1億円、B社1億円の利益を出しましたが、A社の資産は10億円、B社の資産は100億円としますと、「総資産経常利益率」（ROA）は、A社が10％、B社は1％という計算になります。

この指数は高いほうがよいので、つまりA社のほうが経営の効率が良いといえます。

一般に、この「総資産経常利益率」（ROA）の目標指数は10％といわれています。すなわち総資産に対して10％の経常利益を出しましょうということ

です（例えば、5億円の資産があれば5千万円の経常利益を出すのが理想で経営効率は非常に良好といえます。）

以下は、数字を簡素化して説明しています。

---

（A社）

B/S　　　　　（億円）

| 資産 | 10 | 負債 | 6 |
|---|---|---|---|
| | | 純資産 | 4 |
| （総資産） | 10 | （総資本） | 10 |

P/L　経常利益　1億円

（A社）$\dfrac{1億円}{10億円} \times 100$

$= 10\%$

（B社）

B/S　　　　　（億円）

| 資産 | 100 | 負債 | 80 |
|---|---|---|---|
| | | 純資産 | 20 |
| （総資産） | 100 | （総資本） | 100 |

P/L　経常利益　1億円

（B社）$\dfrac{1億円}{100億円} \times 100$

$= 1\%$

数字の目安

[総資産経常利益率]

| 超優良 | 15%以上 | 並 | 2％〜4％ |
|---|---|---|---|
| 優　良 | 10%〜14% | 危険 | 1％未満 |
| 良 | 5％〜9％ | | |

---

## ② 総資産経常利益率（ROA）の改善方法

　総資産経常利益率（ROA）が低い場合、又はさらなる向上をしたい場合の改善方法を解説します。

　まず、総資産経常利益率（ROA）は次の2つの算式に分けて考えます。

総資産経常利益率（ROA）
$$\frac{経常利益}{総資産} \times 100 = \frac{売上高}{総資産}（総資産回転率（注）） \times \frac{経常利益}{売上高}（売上高経常利益率） \times 100$$

（注）　分母に「総資本」を使用した場合は「総資本回転率」といいます。

　上記の算式をみますと分母、分子に「売上高」という共通数字が入っていますので約分できます。そして約分した結果、総資産経常利益率（ROA）の算式になります。

　では、モデル会社を使って計算してみましょう。

（A社）

|  | B/S | （億円） |
|---|---|---|
| 資産　　10 | 負債 | 6 |
|  | 純資産 | 4 |
| （総資産）　10 | （総資本） | 10 |

P/L　売上高　　20億円

　　　　経常利益　　1億円

　まずA社の総資産経常利益率（ROA）は10％になります。

$$総資産経常利益率（ROA）= \frac{経常利益}{総資産} \times 100$$

（A社）$\dfrac{1億円}{10億円} \times 100 = 10\%$

次に総資産回転率は以下のように計算されます。

$$総資産回転率 = \frac{売上高}{総資産}$$　　（A社）$\dfrac{20億円}{10億円} = 2回転$

　総資産回転率は回転数で表されます。A社は「2回転」ですが、「2倍」と理解しても大丈夫です。A社の場合「総資産の2倍の売上がある」ということになります。

　以下は、「総資産回転率」の数字の目安ですが、業種により数値は異なりますのでご注意ください（詳しくは128ページ以下参照）。

数字の目安

[総資産回転率]

| 超優良 | 3回転以上 | 並 | 1回転未満 |
|---|---|---|---|
| 優　良 | 3回転未満 | 危険 | 0.5回転未満 |
| 良 | 2回転未満 | | |

（注）　業種により数値は異なります。

最後は、売上高経常利益率です。

$$\text{売上高経}\atop\text{常利益率} = \frac{\text{経常利益}}{\text{売上高}} \times 100$$

（A社）$\dfrac{1億円}{20億円} \times 100 = 5\%$

　以下は、「売上高経常利益率」の数字の目安ですが、業種により数値は異なりますのでご注意ください（詳しくは128ページ参照）。

数字の目安

[売上高経常利益率]

| 超優良 | 15％以上 | 並 | 2％以上5％未満 |
|---|---|---|---|
| 優　良 | 10％以上15％未満 | 注意 | 2％未満 |
| 良 | 5％以上10％未満 | 経常赤字（損失） | 倒産予備軍 |

（注）　業種により数値は異なります。

　A社の「総資産回転率」は2回転、「売上高経常利益率」は5％と計算されましたので総資産経常利益率（ROA）は以下の算式で求められます。

算　式

$$\frac{\text{経常利益}}{\text{総資産}} \times 100 = \frac{\text{売上高}}{\text{総資産}} \times \frac{\text{経常利益}}{\text{売上高}} \times 100$$

（A社）　10％　＝　2　×　5％

### ③ 業種ごとの総資産経常利益率（ROA）の改善方法

　総資産経常利益率（ROA）の目標数字は10%です。前述の通り10%なら経営効率が非常に良くなります。ここでは業種ごとに総資産経常利益率（ROA）10%を目指し改善する方法を見ていきたいと思います。

### イ　製造業（メーカー）、建設業

　最初に製造業（メーカー）や建設業の場合です。これらの業種は「総資産」が大きいのが特徴です。製造業（メーカー）は工場を所有しますので、土地、建物、機械装置が多額になります。建設業も建設機械や重機などを多額に所有する必要がありますので資産総額は大きくなるという特徴があります（建設機械をあまり所有しない「請負型」の建設業はこれに当てはまりません。）。

```
        B/S      億円        P/L  売上高     100億円
資産    100 | 負債      70
            | 純資産    30            経常利益    10億円

(総資産) 100 | (総資本)  100
```

$$\text{総資産回転率} \ = \ \frac{\text{売上高}}{\text{総資産}} \qquad \frac{100億円}{100億円} \ = \ 1回転$$

　上記の会社は、「総資産回転率」は1回転になります。製造業（メーカー）や建設業でも「総資産回転率　1回転」は少し少ないですが、「製造業（メーカー）」の場合「1.3回転から1.5回転」、建設業の場合は、「1.5回転から2回転」になると思います。

　次に「売上高経常利益率」ですが、この会社は独自の製品で他社と差別化し、価格競争に巻き込まれていないので「売上高経常利益率　10%」を達成

しています。

$$\text{売上高経常利益率} = \frac{\text{経常利益}}{\text{売上高}} \times 100 \qquad \frac{10億円}{100億円} \times 100 = 10\%$$

　この会社は、以下の算式により総資産経常利益率（ROA）10%を達成しています。

| 総資産経常利益率(ROA) | | 総資産回転率 | | 売上高経常利益率 |
|---|---|---|---|---|
| 10% | = | 1回転 | × | 10% |

　前述の通り、製造業（メーカー）及び建設業は総資産が大きく「総資産回転率」が低い傾向がありますので、「売上高経常利益率」を高め、以下のような形で総資産経常利益率（ROA）10%を目指してほしいと思います。

総資産経常利益率（ROA）　＝　総資産回転率　×　売上高経常利益率

| 目標　10% | 1回転 | × | 10% |
|---|---|---|---|
| | 1.3回転 | × | 8% |
| | 1.5回転 | × | 7% |
| | 1.7回転 | × | 5.9% |

## □　小売業、飲食業

　次に小売業、飲食業のケースを見ていきましょう。小売業、飲食業は製造業（メーカー）や建設業よりも総資産は少ないという傾向があります。なぜなら、製造業のように土地、建物、機械装置は不要だからです。しかし、店舗に内装、備品などが必要になりますので、下記会社の「総資産回転率」は2回転です。

```
          B/S        億円        P/L  売上高      20億円
資産    10 │負債      7
            │純資産    3                経常利益      1億円

(総資産) 10 │(総資本) 10
```

$$\boxed{\text{総資産回転率} \ = \ \frac{\text{売上高}}{\text{総資産}}} \qquad \frac{20億円}{10億円} \ = \ 2回転$$

　現在、小売業、飲食業はライバルが多く価格競争にも巻き込まれますので「売上高経常利益率」は製造業（メーカー）よりも低くなる傾向があります。モデル会社の「売上高経常利益率」は５％です。

$$\boxed{\substack{\text{売上高経} \\ \text{常利益率}} \ = \ \frac{\text{経常利益}}{\text{売上高}} \times 100} \qquad \frac{1億円}{20億円} \times 100 \ = \ 5\%$$

　この会社は、以下の算式により総資産経常利益率（ROA）10％を達成しています。

```
総資産経常利益率(ROA)          総資産回転率        売上高経常利益率
      10%          =          2回転       ×        5％
```

　小売業、飲食業は「売上高経常利益率」が低くなるため、「総資産回転率」を高めて総資産経常利益率（ROA）10％を目指してほしいと思います。

```
総資産経常利益率(ROA)          総資産回転率        売上高経常利益率
   目標 10%         =          2回転       ×        5％
```

## 八　卸売業、商社、量販店

　最後は卸売業、商社、量販店の事例です。これらの業種は「薄利多売」といわれ、売上げは大きいですが、利益率が低いのが特徴です。総資産に比べて売上げが大きいので「総資産回転率」は高くなります。下記モデル会社の「総資産回転率」は3.3回転になります。

|  | B/S | 億円 |  | P/L | 売上高 | 100億円 |
|---|---|---|---|---|---|---|
| 資産 | 30 | 負債　　20 |  |  |  |  |
|  |  | 純資産　10 |  |  | 経常利益 | 3億円 |
| （総資産） | 30 | （総資本）30 |  |  |  |  |

$$\text{総資産回転率} = \frac{\text{売上高}}{\text{総資産}} \qquad \frac{100億円}{30億円} = 3.3回転$$

　半面、卸売業、商社、量販店は利益率が低いので、このモデル会社の「売上高経常利益率」は3％になります。

$$\text{売上高経常利益率} = \frac{\text{経常利益}}{\text{売上高}} \times 100 \qquad \frac{3億円}{100億円} \times 100 = 3％$$

　この会社は、以下の算式により総資産経常利益率（ROA）約10％を達成しています。

| 総資産経常利益率(ROA) |  | 総資産回転率 |  | 売上高経常利益率 |
|---|---|---|---|---|
| 9.9％ | = | 3.3回転 | × | 3％ |

　卸売業、商社、量販店は「売上高経常利益率」がさらに低くなるため、

「総資産回転率」を高めて総資産経常利益率（ROA）10%を目指していきましょう。

　また、サービス業も資産は多く持つ必要がありませんので、一般に「総資産回転率」は高く出ます。「売上高経常利益率」が多少低くても総資産経常利益率（ROA）10%を目指すことができます。

総資産経常利益率（ROA）　＝　総資産回転率　×　売上高経常利益率

| 目標　10% | 3.3回転 | × | 3.3% |
| | 5回転 | × | 2％ |

　いかがですか。
　是非皆さんの会社の「総資産経常利益率（ROA）」「総資産回転率」「売上高経常利益率」を計算してみてください。上記指標を参考に改善点を見つけ、総資産経常利益率（ROA）10%を目指してください。

**ポイント** 総資産経常利益率（ROA）を改善する方法

総資産経常利益率（ROA）　　　総資産回転率　　　　　　売上高経常利益率

$$\frac{経常利益}{総資産} \times 100 = \frac{売上高}{総資産} \times \frac{経常利益}{売上高} \times 100$$

「総資産回転率」を高められないか？

「「経常利益率」を高められないか？」を常に考えよう！

---

### ④ 総資産経常利益率（ROA）がいいと、資金繰り（キャッシュフロー）が良くなるか？

　総資産経常利益率（ROA）がいいと、資金繰り（キャッシュフロー）が良くなると解説しました。もう一度総資産経常利益率（ROA）の算式を見てください。

　総資産経常利益率（ROA）を高くするには算式の分母、分子を矢印の方向に持って行けばいいことがわかります。

　すなわち、分子の「経常利益」は大きく、分母の「総資産」は少なくすると総資産経常利益率（ROA）は高くなります。

実はこの矢印の方向が92ページで解説した「資金繰り（キャッシュフロー）を良くする４つの原因」の「イ　現金以外の資産を減らす」「ニ　利益を出す（純資産を増やす）」に一致しています。

　分子の経常利益を高くし、分母の総資産（正確には「現金以外の資産」）を減らせば、総資産経常利益率（ROA）が高くなり、結果としてキャッシュフロー（資金繰り）が良くなります。

$$\text{総資産経常利益率（ROA）（％）} = \frac{\text{経 常 利 益（大きく）↗}}{\text{総 資 産（少なく）↘}} \times 100$$

　なお、業種ごとの総資産経常利益率（ROA）の改善方法は、128ページからの説明を参考にしてください。

**（ポイント）** 総資産経常利益率（ROA）と資金繰りの関係

会社の現金預金（キャッシュ）を増やす方法

イ　「現金預金以外」の資産を減らす
ロ　負債を増やす
ハ　増資する　　純資産を増やす　その1
ニ　利益を出す　　純資産を増やす　その2

（分子）利益を出す　　純資産を増やす　その2

（大きく）

$$総資産経常利益率（ROA）（\%）= \frac{経\ 常\ 利\ 益}{総\ 資\ 産} \times 100$$

（少なく）

「現金預金以外」の資産を減らす

総資産経常利益率（ROA）を良くする矢印の方向が現金預金が増加する方法と一致しているので、総資産経常利益率（ROA）が高いと資金繰り（キャッシュフロー）が良くなる。

第6章 損益分岐点売上高の
計算とその応用 編

## (1) 損益分岐点売上高とは何か？

若松コンサルタント

> 今回は損益分岐点売上高の計算について解説します

桑田　社長

> 損益分岐点売上高とはどのようなものですか？

若松コンサルタント

> 損益分岐点売上高とは、その金額の売上高を達成したときに利益がちょうど0円になる売上高をいいます。例えば、ある会社の損益分岐点売上高が年間10億円だとすると、10億円の売上げがあったとき利益はちょうど0円になるわけです。また、この年に売上げが10億円を超えると利益を計上することができ、逆に売上げが10億円を下回ると赤字になってしまいます

原口　経理担当

> 簿記で習いました。費用を変動費と固定費に分けるんですよね

若松コンサルタント

> その通りです。会社の経費は、「変動費」と「固定費」で構成されています。変動費は、売上高の増減に比例して増減する費用をいいます。例えば、売上原価、フルコミッションの営業担当者の給料、クレジットカードの手数料などが該当します。製造業・建設業は、材料費・外注加工費が該当します。一方、固定費は、売上高の増減に関係ない一定の費用をいいます。例えば、役員報酬、地代家賃、減価償却費、保険料、支払利息

などをいいます

田所　経理部長

実務では給料や水道光熱費など固定費なのにもかかわらず、変動要素のある科目がありますが、その場合はどのように考えればいいですか？

若松コンサルタント

確かに実務では一つの科目の中に「変動費」と「固定費」が混在している場合があります。例えば、「支払運賃」の中に売上げに伴う発送費（変動費）と事業所間の支払運賃（固定費）が混在している場合には、「支払運賃（変動費）」「支払運賃（固定費）」と科目を分けて処理するといいと思います。

また、「水道光熱費」や「給与手当」などの科目は変動要素もあります。忙しくて残業が多い月と定時で帰れる月では金額が変動しますが、実務ではあまり細かい計算をしても意味がないので、それほど月々の差がなければ現在の「水道光熱費」「給与手当」を固定費として計算するのがよいと思います。また会計ソフトに損益分岐点売上高の計算機能があれば、「給料手当」、「水道光熱費」の何％を「変動費」とするという設定もできます（**図表1**　主な変動費参照）

**図表1**　主な変動費

売上原価

（販売費及び一般管理費）

| | |
|---|---|
| 販売手数料 | クレジットカードの手数料、コンビニのロイヤリティなど売上げに比例するもの |
| 発送費・荷造運賃 | 売上げに伴うもの |
| 地代家賃 | デパートやスーパーマーケットの家賃など売上げに比例するもの、一般の家賃は固定費 |

（製造原価報告書）

材料費

外注加工費

燃料費

消耗工具器具備品費　　売上げに比例するもの

　会計ソフトによっては日々の取引を入力するだけで「損益分岐点売上高」を計算してくれるものもあります。科目ごとに「変動費」「固定費」を設定する必要がありますが、一つの勘定科目に変動費と固定費が混在する場合には科目を分けて入力します。例えば、「販売手数料（変動費）」「販売手数料（固定費）」と分けて入力すれば会計ソフトが自動的に計算してくれます。

　ただし、決算書での表示は「販売手数料」として合算します。

　また、会計ソフトでは「給料手当」「水道光熱費」の何％を「変動費」とするという設定もできます。

原口　経理担当

本当に会計ソフトはいろいろなことができるんですね

若松コンサルタント

それでは、会社で利益計上される仕組みを説明します。**図表2**でグラフ化しているように、売上げがたとえ0円でも固定費は発生します。そして、変動費は売上げが0円の時は発生しませんが売上げが上がるにつれて増加していきます。そして売上げの増加のグラフと変動費の増加のグラフが交わったところが損益分岐点売上高です

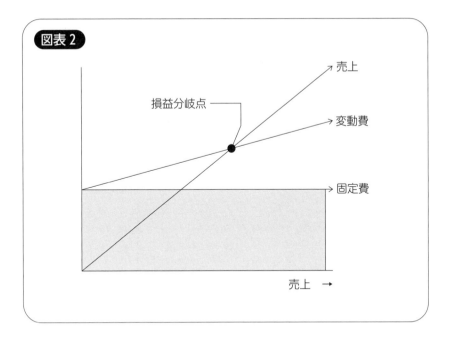

図表2

損益分岐点

売上

変動費

固定費

売上　→

なるほど、売上高と変動費、固定費の合計額が一致すると利益が0円になるんですね。

田所　経理部長

確かに、仮に変動費が3億円、固定費が5億円で売上げが8億円なら利益はないわ

原口　経理担当

その通りです。次に**図表3**を見てください。損益分岐点売上高を超えた売上げのグラフと変動費のグラフの差の部分（**図表3**の網掛け部分）が利益の額になります。すなわち、損益分岐点を少し超えたところでは利益はあまり多くなりませんが、損益分岐点を売上げが大きく超えますと利益の額は大幅に増大していきます。

若松コンサルタント

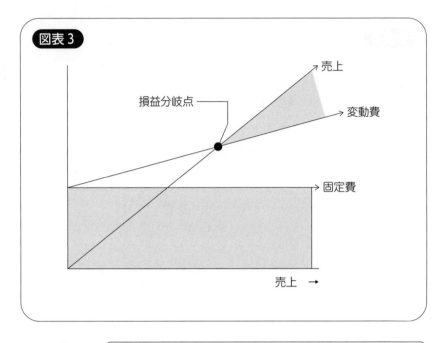

図表3

損益分岐点

売上

変動費

固定費

売上 →

なるほど。より利益を出すためには損益分岐点売上高を大きく超える必要があるな

桑田 社長

逆に損益分岐点売上高を実際の売上げが下回りますと損失(赤字)になります。損益分岐点売上高を下回った売上げのグラフと変動費のグラフの差の部分が損失の額になります。すなわち、損益分岐点をほんの少し下回ったところでは損失はあまり多くなりませんが、損益分岐点を売上げが大きく下回ると損失の額は大幅に増大していきます

若松コンサルタント

何かの理由で売上げが激減すると大変なことになるわ

原口 経理担当

若松コンサルタント

余談ですが、アメリカの会社では、損益分岐点売上高を達成した日にパーティをしてお祝いをするそうです。例えば、会計期間を1月1日〜12月31日、損益分岐点売上高を年間12億円とすると、1月1日から営業スタートし、累計売上高が12億円に達した日にお祝いをします。

11月15日に損益分岐点売上高を達成すると、11月16日から12月31日までの売上げは変動費を除いてすべて利益になります。すなわち、早く損益分岐点に達した年は、当然利益も多く出るということです。

逆に12月31日までに損益分岐点売上高を達しなかった年は赤字になります。

これは、月々の売上げにも利用できます。1ヶ月の損益分岐点売上高が1億円とすると、例えば4月20日までに1億円の売上げがあると、残り4月21日〜30日までの10日間の売上げは変動費を除いてすべて利益になる計算です。また、5月は30日までに1億円を達成したとしたら、31日の1日分しか利益が出ないということになります。

桑田　社長

それは面白い。我が社もこれから損益分岐点売上高を達成した日には大々的にパーティをしよう

原口　経理担当

社長、期待しています！

若松コンサルタント

いずれにしても、損益分岐点売上高を意識することで、会社の経営は大きく変わります。例えば、あと何パーセント売上げを増やせば利益が出ると分かれば、そのための方策を検討することもできます。あるいはあと何パーセント売上げが減っても利益が出るとわかっていれば、売上減少の対策を冷静に講じることもできるでしょう。損益分岐点は、さまざまな場面で経営のかじ取りの判断材料となるのです。

田所　経理部長

損益分岐点売上高もやはり部門別に計算するのですか？

若松コンサルタント

いい質問ですね。御社のように「卸売部門」「小売部門」「飲食部門」を営んでいる会社では損益分岐点売上高を部門別に計算します。ただし、今回は損益分岐点の計算方法を理解するため数字を簡素化したモデル会社を使って解説をしていきます

一同

よろしくお願いします

## (2)　損益分岐点売上高の計算方法

　損益分岐点を知るためには「変動費」「固定費」「変動費率」の３つの数字が必要となります。変動費とは、前述の通り、売上原価などのように売上げ

に比例して増減する費用のことです。

　一方、固定費とは、人件費に代表されるように、売上高に関係なく発生する費用を指します。そして最後の変動費率は、変動費を売上高で割ったものです。

　これら３つの数字を使って損益分岐点売上高を求めます。具体的な計算式は次の通りです。

---

**算　式**

損益分岐点売上高（円）＝固定費÷（１－変動費率＝限界利益率）×100

---

　この数式が意味するのは、売上げには変動費がかかるということです。その変動費を除いた金額（後述しますが「限界利益」といいます。）と固定費が同額になったところが損益分岐点売上高になります。

　したがって固定費を（１－変動費率＝限界利益率）で割りますと損益分岐点売上高になります。

　それではモデル会社を使って実際に「損益分岐点売上高」を計算してみましょう。数字を記入する欄もありますので、是非皆さんも一緒に計算してみてください。

---

**図表４**

モデル会社　Ａ社　損益計算書（P/L）

（単位　千円）

| | |
|---|---|
| 売上高 | 240,000 |
| 売上原価（変動費） | 142,000 |
| 　売上総利益 | 98,000 |
| 販売費及び一般管理費 | |
| 　発送費（変動費） | 2,000 |
| 　その他の販売管理費（固定費） | 79,000 |

| | | |
|---|---|---|
| 営業利益 | 17,000 | |
| 営業外費用 | | |
| 支払利息 | 1,000 | |
| 経常利益 | 16,000 | |

**図表4**はモデル会社A社の損益計算書（P/L）です。このモデル会社A社の「経常利益」が0円になる損益分岐点売上高を計算していきたいと思います。実際の損益計算書には「特別利益」「特別損失」の項目がありますが、特別利益、特別損失はイレギュラーで毎期発生するものではないので、皆さんの会社のケースも経常利益がゼロになる損益分岐点売上高を把握することをおすすめします（今回の演習は計算を簡単に行えるよう数字は簡略化してあります。）。

---

(数字記入欄)

モデル会社　A社　損益分岐点売上高の計算

(単位：千円)

| | | | |
|---|---|---|---|
| 損益分岐点売上高 | （　　　） | 100% | |
| 変動費 | （　　　） | （　　%） | 注1 |
| 　限界利益 | （　　　） | （　　%） | 注2 |
| 固定費 | | | |
| 　その他の販売管理費 | （　　　） | | |
| 　支払利息 | （　　　） | （　　） | |
| 　経常利益 | （　　　） | | |

注1　変動費率 ＝ $\dfrac{\text{変動費（売上原価・発送費）}}{\text{売　上　高}} \times 100$

$$\dfrac{(\qquad + \qquad)}{(\qquad\qquad)} \times 100 = (\quad \%)$$

注2　限界利益率 ＝ 100% － 変動費率

$$100\% - (\quad\%) = (\quad\%)$$

## ① 変動費率、限界利益率の計算

　最初にモデル会社の経費を変動費と固定費に区分します。今回は「売上原価」と「発送費」が変動費になり、「その他の販管費」と「支払利息」が固定費になります。

　経費を変動費と固定費に区分したのち、「変動費率」と「限界利益率」を計算します（**図表5**参照）。

| 図表5 | モデル会社　A社　損益分岐点売上高の計算　その1 |
|---|---|

（単位：千円）

| | | |
|---|---|---|
| 損益分岐点売上高 | (　　) | 100% |
| 変動費 | (　　) | ( 60%) 注1 |
| 　限界利益 | (　　) | ( 40%) 注2 |
| 固定費 | | |
| 　その他の販売管理費 | (　　) | |
| 　支払利息 | (　　) | (　　) |
| 　経常利益 | | (　　) |

注1　変動費率 $= \dfrac{\text{変動費（売上原価・発送費）}}{\text{売上高}} \times 100$

$\dfrac{(\ 142{,}000\ +\ 2{,}000\ )}{(\ 240{,}000\ )} \times 100 = (\ 60\%)$

注2　限界利益率 $= 100\% - $ 変動費率

　　　　　　　$100\% - (\ 60\%) = (\ 40\%)$

・「変動費率」、「限界利益率」を計算する。
・変動費の右側の（　%）に変動費率を限界利益の右側の（　%）に限

界利益率を記入する。

　ちなみに、「変動費率」は売上高に占める変動費の割合を見たものです。小売業、卸売業、飲食店などは「売上原価率」、製造業、建設業の場合は「売上げに占める原材料費、外注加工費の割合」に近い数字になります。
　具体的には、（変動費÷売上高×100）で計算されます。

　今回の変動費率は、（144,000千円÷240,000千円×100＝60％）で「変動費率」は60％と計算されました。この数字は、売上げの60％が変動費で占められていることを示しています。仮に1,000万円の売上げの場合には変動費は600万円になります。

　「変動費率」が低ければ、それだけ利益が増える計算になります。「変動費率」を下げるためには、後述しますが、原材料の価格交渉や購入方法の見直しなどにより原材料費の削減、仕入価格の減少、新製品や新商品の投入による売価の引上げなどの方法が考えられます。

　次に「限界利益率」を計算します。「限界利益率」は、（100％－変動費率）になりますので、今回は（100％－60％＝40％）で「限界利益率」は40％と計算されます。
　この数字は、売上げの40％が限界利益になることを示しています。仮に1,000万円の売上げの場合には限界利益は400万円になります。

　ところで、先ほどから説明に出ている「限界利益」とは何なのでしょうか。限界利益とは売上高から変動費を差し引いた利益をいいます。売上げが上がれば売上原価などの変動費は必ず出てきますので、この限界利益はまさにこれ以上利益の出しようがないという限界の利益のことをいいます。
　例えば、お店が1本70円で仕入れたペットボトルを1本100円で販売した場合の1本あたりの限界利益は30円になります。

　また、限界利益のことを別名「貢献利益」といいます。これは固定費をカ

バーすることに貢献する利益だからです。会社ではこの「限界利益」「貢献利益」で固定費を支払いますのでこれらの利益は大きいことが望ましいわけです。

## ② 固定費、限界利益の記入

次に固定費を記入します。今回は「その他の販管費」と「支払利息」が固定費になります。

（固定費79,000千円＋1,000千円＝80,000千円）（**図表6**参照）

固定費は売上げの増減にかかわらず一定の経費なので現在の固定費をそのまま書き写します。

---

**図表6**　モデル会社　A社　損益分岐点売上高の計算　その2

（単位：千円）

| | | |
|---|---|---|
| 損益分岐点売上高 | （　　　　　） | 100% |
| 変動費 | （　　　　　） | （　60%）注1 |
| 　限界利益 | A（　80,000　） | （　40%）注2 |
| 固定費 | | |
| 　その他の販売管理費（　79,000　） | | |
| 　支払利息（　1,000　）B | （　80,000　） | |
| 　経常利益　　A　－　B　＝ | （　　0　） | |

・固定費の「その他の販売管理費」「支払利息」を記入し固定費の合計額を記入する。

・「限界利益　A」－「固定費　B」＝　0円になるよう、固定費の80,000千円と同額を限界利益に記入する。

---

そして、この固定費を限界利益に書き写します。会社の利益は「限界利益－　固定費」で計算されます。損益分岐点売上高は利益が0円になるところ

を求めます。

　利益が0円になるのは「限界利益」と「固定費」が同額になったところになります。

　今回のモデル会社の固定費は8,000万円なので、限界利益も固定費と同額の8,000万円になったところが利益ゼロで、また損益分岐点になります。

　**図表6**では、限界利益A　80,000千円－固定費B80,000円＝0円となっています。


### ③　損益分岐点売上高、変動費の計算

　最後に「損益分岐点売上高」と「変動費」を計算します（**図表7**参照）。

　限界利益の80,000千円（固定費と同額を入れるのが前提）を限界利益率の40％で割って損益分岐点売上高の200,000千円を計算します。

---

**図表7**　モデル会社　A社　損益分岐点売上高の計算　その3

（単位　千円）

| | | | |
|---|---|---|---|
| 損益分岐点売上高 | | （　200,000　） | 100% |
| 変動費 | | （　120,000　） | （　60%）注1 |
| 　限界利益 | A | （　80,000　） | （　40%）注2 |
| 固定費 | | | |
| 　その他の販売管理費 | （　79,000　） | | |
| 　支払利息 | （　1,000　）B | （　80,000　） | |
| 　経常利益 | A　－　B　＝ | （　　0　） | |

・限界利益の80,000千円（固定費と同額を入れるのが前提）を限界利益率の40％で割って損益分岐点売上高の200,000千円を算出（80,000千円÷40%＝200,000千円）

・損益分岐点売上高の200,000千円に変動費率60%をかけて変動費の120,000千円を算出損益分岐点売上高－変動費－固定費＝0円になることを確認

---

（200,000千円－120,000千円－80,000千円＝０円）で検算 OK

（限界利益（＝固定費）80,000千円÷限界利益率40％
＝損益分岐点売上高200,000千円）

　今回は、限界利益を固定費と同額にして限界利益率で割りましたが、先の解説では以下の算式で説明しました。

　どちらの算式でも損益分岐点売上高を計算できますので皆さんの理解しやすいほうを使ってください。

**算 式**

**損益分岐点売上高（円）＝固定費÷（１－変動費率＝限界利益率）×100**

　損益分岐点売上高の200,000千円が計算されたら変動費率60％をかけて変動費の120,000千円を求めます。

　ここで重要なのは売上げの金額が変わると変動費も変わることです。固定費は前に解説しましたが売上げが上がっても下がっても変わりません。しかし、変動費は売上げの増減により変化します。

　今回、損益分岐点売上高は200,000千円ですので、変動費はその60％の120,000千円になり、限界利益はその40％の80,000千円になります。

　損益分岐点売上高と変動費が計算されましたら最後に検算してみて経常利益が０円になるか確認します。

　損益分岐点売上高200,000千円－変動費120,000千円－固定費80,000千円＝０円になりますので、このモデル会社Aの損益分岐点売上高は200,000千円となります。

　このモデル会社A社では、200,000千円の売上高を達成したときに経常利益がちょうど０円になります。売上げが200,000千円を超えると利益を計上することができ、逆に売上げが200,000千円を下回ると赤字になってしまい

ます。

　モデル会社Ａ社の損益計算書（P/L）を見ますと売上高が240,000千円あ
りますので、経常利益が16,000千円出ています。

　なお、今回は単純に会社全体で損益分岐点売上高を計算しましたが、会社
が小売業、卸売業、飲食業など「変動費率」が異なる場合などは、部門別に
「損益分岐点売上高」を計算する必要があります。

　具体的には、卸売部門、小売部門、飲食部門など売上原価などの変動費が
異なる場合には、まず「部門別損益計算書」を作成します。
　その「部門別損益計算書」により各部門の損益分岐点売上高を計算しま
す。
　当然、各部門の損益分岐点売上高を把握し、それを上回る売上げを達成す
るよう経営を行っていくことになります。
　また、新規の事業を立ち上げる際には、その新規事業の変動費、変動費
率、固定費を予想し、予想される損益分岐点売上高を計算します。見込まれ
る売上げが損益分岐点売上高以下であれば、その新規事業は見送りか、大幅
な計画変更をしなければなりません。
　損益分岐点売上高を上回るようであれば予想利益を計算し、その利益が十
分な額であれば、その新規事業は実施されることになるでしょう。

## (3)　なぜ「損益分岐点」を知ることが大切なのか

　ではなぜ自社の損益分岐点を知ることが大切なのでしょうか。
　それは損益分岐点により会社の現状を正確に把握できるからです。

　「売上げがどのくらい伸びたら利益もどのぐらい出せるか？」「どのくらい
の売上げの減少まで耐えられるか？」「原材料、仕入れ価格が上昇している
が販売価格に転嫁しなくて大丈夫か？」「このプロジェクトは実行可能か？」
など、経営に必要な会計データの作成はこの会社の現状を理解していないと

計算できないからです。

## ① 損益分岐点売上達成率と安全余裕額

「損益分岐点売上達成率」とは、実際の売上高が損益分岐点売上高を何％上回っているかを見る指数です。また、「安全余裕額」は、実際の売上高が損益分岐点売上高をいくら上回っているかを見ています。

それでは、以下によりモデル会社Ａ社の「損益分岐点売上達成率」と「安全余裕額」を計算してみましょう。

| | | | |
|---|---|---|---|
| 損益分岐点売上達成率 | （注1）120% | （計算式）（注1）$\dfrac{\text{P/L の売上高}}{\text{損益分岐点売上高}} \times 100$ | （好ましい方向）↗ |
| 安全余裕額 | （注2）40,000千円 | （計算式）（注2）P/L の売上高 － 損益分岐点売上高 | （好ましい方向）↗ |

（注1） $\dfrac{240{,}000\text{千円}}{200{,}000\text{千円}} \times 100 = 120\%$

（注2） $240{,}000\text{千円} - 200{,}000\text{千円} = 40{,}000\text{千円}$

上記の計算のようにモデル会社Ａ社では、損益分岐点売上高を実際の売上げが20％、金額でいうと40,000千円も上回っています。

もし、来期も固定費と変動費率が当期と同じ場合、売上金額が40,000千円以上減少（減収）しますと来期の決算は赤字に転落します。

これらの数字が高い会社は、少しくらい売上げが減少しても赤字になることはありませんので、それだけ余裕のある経営といえます。

また、当然、損益分岐点を大きく上回っていることになりますので、収益性も高い会社ともいえます。

以下は数字の目安になります。是非皆さんの会社も計算の上、ご確認ください。

数字の目安

[損益分岐点売上達成率]

| 優良企業 | 125%以上 | 要注意企業 | 100%以上105%未満 |
|---|---|---|---|
| 安全企業 | 110%以上125%未満 | 赤字企業 | 100%未満 |
| 要努力企業〜普通企業 | 105%以上110%未満 | | |

　会社は「損益分岐点売上高」を大きく上回ると利益が多く出ます。逆に「損益分岐点売上高」を少ししか上回っていない場合には利益はあまり出ません。

　この仕組みを**図表8**を使って解説していきます。

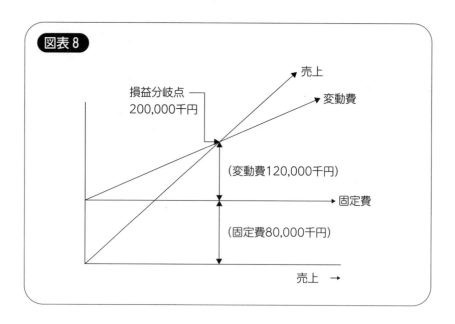

図表8

損益分岐点
200,000千円

売上
変動費

（変動費120,000千円）

固定費

（固定費80,000千円）

売上　→

　今回のモデル会社Ａ社の損益分岐点は、200,000千円です。会社の経費は必ず「変動費」と固定費に分解されます。モデル会社Ａ社の売上げが

200,000千円の時（**図表8**）、「変動費120,000千円」「固定費80,000千円」になり、売上高200,000千円 − 変動費120,000千円 − 固定費80,000千円で利益は0円になります。

　実際の売上げが損益分岐点売上高を超えると、売上げの直線と変動費の直線に差が出ます。この差が利益です（**図表9**参照）。

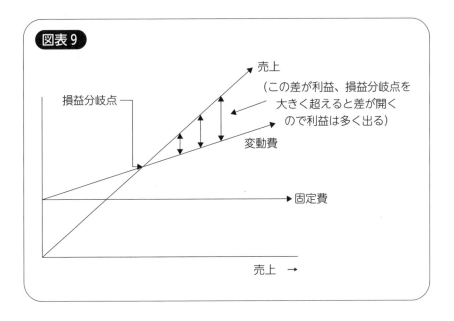

図表9

損益分岐点

売上

（この差が利益、損益分岐点を
大きく超えると差が開く
ので利益は多く出る）

変動費

固定費

売上　→

　例えば、損益分岐点売上高を1％超えた場合は利益になりますが、その差が開いていないので利益は多く出ません。損益分岐点売上高を15％、20％、25％と大きく超えるとその差が開くので利益は多く出ます。

　損益分岐点売上高を実際の売上げが大きく超えると利益が多く出る仕組みをご理解いただけたでしょうか。

　逆に実際の売上げが損益分岐点売上高を下回ると会社は赤字（損失）になります。モデル会社A社の場合、売上げが損益分岐点売上高の200,000千円を下回ると赤字です。

**図表10**の売上げの直線と変動費の直線の差が赤字額（損失額）になります。

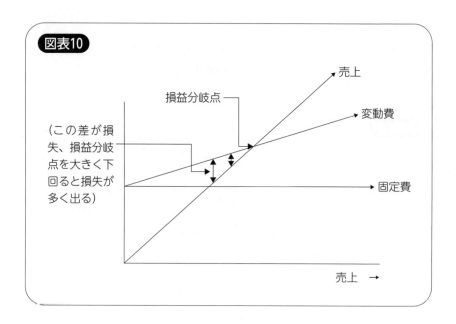

**図表10**

　損益分岐点

（この差が損失、損益分岐点を大きく下回ると損失が多く出る）

売上

変動費

固定費

売上 →

　例えば、今期は損益分岐点売上高の99.9％まで行ったが0.1％足りない場合、赤字（損失）になりますが赤字額（損失額）はそれほど大きくなりません。

　損益分岐点売上高を５％〜10％と下回った場合は、売上げのグラフと変動費のグラフの差が開いていきますので赤字額（損失額）は多額になります（**図表10**参照）。

## ②　損益分岐点比率、安全余裕率

　次に損益分岐点比率と安全余裕率を計算してみましょう。

　損益計算書（P/L）の実際の売上げを100にして、損益分岐点売上高がどこにあるかを計算したのが「損益分岐点比率」になります。この損益分岐点比率は100％未満で低いほうが好ましいです。

　下記に「数字の目安」を記載しましたので皆さんの会社の現状を是非ご確

認ください。

そして、100％から上記「損益分岐点比率」をマイナスした数字が「安全余裕率」になります。

「安全余裕率」は、それだけの売上げが減少（減収）すると利益が飛んでしまうという比率です。モデル会社Ａ社の場合、現在の売上げが16.67％ダウン（減収）になると利益は０円になり、売上げが16.67％超ダウン（減収）しますと赤字（損失）になります。

| 損益分岐点比率 | （注１）<br>83.33％ | （計算式）（注１）<br>$\dfrac{損益分岐点売上高}{P/L の売上高} \times 100$ | （好ましい方向）↘ |
|---|---|---|---|
| 安全余裕率 | （注２）<br>16.67％ | （計算式）（注２）<br>100％－損益分岐点比率 | （好ましい方向）↗ |

（注１） $\dfrac{200,000千円}{240,000千円} \times 100 = 83.33％$

（注２） $100％ － 83.33％ ＝ 16.67％$

**数字の目安**

［損益分岐点比率］

| 優良企業 | 80％以下 | 要注意企業 | 95％超100％以下 |
|---|---|---|---|
| 安全企業 | 80％超90％以下 | 赤字企業 | 100％超 |
| 普通企業～要努力企業 | 90％超95％以下 | | |

### ③ 経理の立場から「損益分岐点比率」「安全余裕率」等を使っての社長へのアドバイス

これらの数字で会社の現状を知っておけば、社長から「我が社の経営は大丈夫か？」という質問を受けた場合、これらの指数を活用してモデル会社Ａ社のケースでは、「当社の売上げは損益分岐点売上高を20％超えていて利益も順調に出ています。安全余裕率は16.67％で安全余裕額が40,000千円ありますので、今後売上げが16.67％以上、金額にして40,000千円以上減少しなければ利益は確保できます。1ヶ月にすると約333万円（40,000千円÷12ヶ月）の売上減少まで耐えられます。」などとアドバイスできますね。

### (4) 「損益分岐点売上高」をこんなふうに活用しよう−損益分岐点の応用計算

ここでは「損益分岐点の応用計算」として、次のような質問に答えていきたいと思います。
「来期は一店舗出店するので、年間コストが4,000万円上がるが、それをカバーするにはいくら売ればいいだろうか？」
「今度営業マンを2人採用し、人件費が年間1,000万円上昇するが、それをカバーする売上げは？」「来期の経常利益の目標は3,000万円だが、それを達成するにはいくら売上げが必要かな？」「近くにライバル店が出店するので、売上げが20％ほどダウンするかもしれない。赤字にしないためには経費をいくら削減すればいいか？」

では、モデル会社Ａ社の数字を使って具体的に計算していきたいと思います。

### ① 年間コスト（固定費）が4千万円増加する場合

新規出店や人員の増員などで固定費が増加した場合、それをカバーするために、いくらの売上げを上げる必要があるのでしょうか。
**図表11**では、モデル会社Ａ社の固定費が4千万円増加した場合に損益分岐

点売上高がどう変化するかを計算しています（変動費率など諸条件は変わらないものとします。）。

　まずモデル会社Ａ社の固定費、その他の販売管理費を40,000千円増加させて119,000千円とします。固定費合計も40,000千円増加しますので120,000千円になります。

　先ほどと同様に固定費合計の120,000千円を限界利益率の40％で割りますので、この場合の損益分岐点売上高は300,000千円になります。

---

**図表11**　モデル会社　Ａ社　損益分岐点売上高の計算　固定費40,000千円 UP

（単位　千円）

| | | |
|---|---|---|
| 損益分岐点売上高 | （　300,000　） | 100% |
| 変動費 | （　180,000　） | （　60%） |
| 　限界利益 | A（　120,000　） | （　40%） |
| 固定費 | | |
| 　その他の販売管理費 | （　119,000　） | |
| 　支払利息 | （　　1,000　）B（　120,000　） | |
| 　経常利益 | A　－　B　＝（　　　　0　） | |

・限界利益の120,000千円（固定費と同額を入れるのが前提　固定費は40,000千円上がって120,000千円になる）を限界利益率の40％で割って損益分岐点売上高の300,000千円を算出（120,000千円÷40％＝300,000千円）

・損益分岐点売上高の300,000千円に変動費率60％をかけて変動費の180,000千円を算出損益分岐点売上高－変動費－固定費＝０円になることを確認（300,000千円－180,000千円－120,000千円＝０円）で検算 OK

---

　**図表7**の損益分岐点売上高は200,000千円ですので、モデル会社Ａ社では固定費が40,000千円増加しますと損益分岐点売上高は100,000千円増加します。

すなわち、モデル会社Ａ社では、40,000千円の固定費をカバーするためには売上げが100,000千円必要になります。

また、次のように考えることもできます。増加した損益分岐点売上高100,000千円を増えた固定費の40,000千円で割ると2.5倍という数字になります。

モデル会社Ａ社では固定費が増加すると、その2.5倍の売上げが必要となります。

またこの数値は、100％÷限界利益率でも算出できます。

モデル会社Ａ社では、100％÷限界利益率40％＝2.5倍と計算できます。

この計算は、皆さんの会社の限界利益率を計算すれば簡単に算出できます。

例えば、限界利益率が30％の会社は、100％÷30％＝3.33倍、限界利益率が20％の会社は、100％÷20％＝5倍になります。

この計算結果からモデル会社Ａ社では、例えば年収5百万円の人を2人雇った場合、その2.5倍の2,500万円の売上げを出してはじめて損益ゼロになるという計算になります。

このような計算を使って、社長など経営幹部から「今度広告宣伝で200万円使うけどいくら売り上げれば採算がとれるかな？」と質問された場合には、「我が社は2.5倍の売上げが必要ですから500万円の売上げが必要です。」とか「今回のイベントの売上予想は2,000万円だが、販売促進でいくら使える？」と質問された場合には「2,000万円÷2.5＝800万円までは販売管理費として使えます。」とモデル会社Ａ社では解答することができます。

## ② 来期の経常利益を３千万円にする目標売上げは？

次に経常利益を３千万円にする目標売上げを計算してみましょう。

**図表12**のように経常利益に目標の３千万円と書き込みます。

固定費は元の80,000千円ですので、この場合「限界利益」は110,000千円になります。

損益分岐点売上高を計算する場合と同様に限界利益の110,000千円を限界利益率の40%で割ると目標売上高の275,000千円が計算できます。

**図表12** モデル会社　A社　目標売上高の計算　（目標利益　15,000千円）

（単位：千円）

| | | | |
|---|---|---|---|
| 目標売上高 | | ( 275,000 ) | 100% |
| 変動費 | | ( 165,000 ) | ( 60%) |
| 　限界利益 | A | ( 110,000 ) | ( 40%) |
| 固定費 | | | |
| 　その他の販売管理費 | ( 79,000 ) | | |
| 　支払利息 | ( 1,000 ) B | ( 80,000 ) | |
| 　経常利益 | A － B ＝ | ( 30,000 ) | |

・限界利益の110,000千円（固定費80,000千円＋目標利益30,000千円）を限界利益率の40%で割って目標売上高の275,000千円を算出
（110,000千円÷40%＝275,000千円）
・目標売上高の275,000千円に変動費率60%をかけて変動費の165,000千円を算出目標売上高－変動費－固定費＝経常利益30,000千円になることを確認
（275,000千円－165,000千円－80,000千円＝30,000千円）で検算OK

すなわち、経常利益を0円にして計算すると損益分岐点売上高が計算され、経常利益に目標利益を入れて計算すると「目標売上高を達成するための必要売上高」が計算されます。

社長から「来期は経常利益を3千万円にしたい。売上げはいくら必要か？」と質問された場合には、「必要売上げは、2億7,500万円です。年間で今の売上げを3,500万円アップする必要があります（**図表12**　目標売上高275,000千円－**図表4**　P/L　売上高240,000千円＝35,000千円）」。

「また、率にすると約14.6%（35,000千円÷240,000千円＝14.6%）のアッ

プが必要で、月間ですと約292万円（35,000千円÷12ヶ月＝2,916千円）の増加が必要です。」と簡単に答えることができます。

### ③　来期の予想売上げが21％ほどダウン、コスト（固定費）をいくら削ればいいか？

最後に売上げが減少した場合、固定費をどの程度削減しなければならないかを計算してみましょう。

これはあまりいい話ではありませんが、「近くにライバル店が出店するので、売上げが21％ほどダウンし、来期の売上げ予想は190,000千円ほどになるかもしれない、赤字にしないためには経費をいくら削減すればいいか？」と質問された時の計算です。

モデル会社A社の「安全余裕率」は、16.67％（157ページ参照）なので、売上げが21％下がると損益分岐点売上高を下回るのでこのままでは赤字（損失）になります。

計算過程は**図表13**で解説していますが、この場合には最初の売上げ予想から記入していきます。

モデル会社A社では売上げが190,000千円に減少すると固定費を4百万円減少する必要があります。どのような経費をどのくらい削減するかは、社長など経営幹部の判断によりますが、モデル会社A社では売上げが1億9千万円に減少した場合、固定費を年間4百万円以上、月ですと約33万円（4,000千円÷12ヶ月＝333千円）削減しなければ赤字に陥ります。

**図表13** モデル会社 A社 売上げが190,000千円にダウン

(単位 千円)

| | | |
|---|---|---|
| 来期予想売上高 | ( 190,000 ) | 100% |
| 変動費 | ( 114,000 ) | ( 60%) |
| 限界利益 | A ( 76,000 ) | ( 40%) |
| 固定費 | | |
| その他の販売管理費 | ( 75,000 ) | |
| 支払利息 | ( 1,000 ) B | ( 76,000 ) |
| 経常利益 | A － B ＝ | ( 0 ) |

・この場合には頭から計算するので、来期予想売上の190,000千円に変動費率60%をかけて変動費の114,000千円を算出

限界利益が76,000千円になるので、経常利益を0円（トントン）としても固定費は76,000千円に抑える必要がある。よって、その他の販売管理費は76,000千円と計算される（固定費合計76,000千円－支払利息1,000千円＝75,000千円）。

・つまり、その他の販管費を最低4,000千円削減しないと赤字になる（**図表4** その他の販管費79,000千円－上記その他の販管費75,000千円＝4,000千円）。

第7章　「損益分岐点」の計算と管理会計 編

先生、損益分岐点の計算からいろいろな経営の情報が得られるんですね。ところで、我が社の損益分岐点売上達成率、安全余裕額、損益分岐点比率、安全余裕率はどのくらいかね

桑田　社長

若松先生の指導のもと計算しましたが、会社全体では損益分岐点売上達成率120％、安全余裕額約1億3,700万円、損益分岐点比率83.3％、安全余裕率16.7％です

田所　経理部長

当社は安全余裕率16.7％、売上金額で約1億3,700万円減収まで耐えられますね

原口　経理担当

前にもお話ししましたが、会社の経営を行うに当たっては、来期の事業計画書（数値計画）を立案する必要があります。この場合には、来期の売上げを予想し、売上げの増減が利益にどの程度影響するかを正確に把握する必要があります。
また、売上げに対して経費をどのくらい使っていくか、予算計画と利益がどのくらい出せるかという利益計画を作成する必要もあります。

若松コンサルタント

いよいよ当社の事業計画書（数値計画）を作成していくんですね

原口　経理担当

実際の経営では、「商品、製品の値引きはいくらまで容認できるか？」、「材料コストの増加が利益にどの程度影響を与えるか？」「これだけ値引きして同程度の売上げを得るためには、今の売上げの何割増しの売上げが必要か？」、また「このプロジェクトは行うべきか？中

若松コンサルタント

止すべきか」など、いわいる「経営の羅針盤」となる
数字の計算が要求されます

田所　経理部長

最近は食材など仕入価格の上昇や燃料費が高騰してま
すので経営に与える影響が心配です

桑田　社長

それは私も心配している。これからの時代は事業計画
書（数値計画）という羅針盤なしに経営は行えないな

若松コンサルタント

確かに、社長など経営幹部は、過去の数字の分析には
もちろん興味がありますが、会社の未来の数字、未来
の経営計画、利益計画、さらに損失を最小限に抑える
など将来の方針により大きな興味を持たれます。
制度会計、過去会計、税務会計ももちろん重要ですが、
損益分岐点の計算を利用して、これらの「経営の羅針
盤」の数字を提供していくことも会社経営にはとても
重要な事項です

原口　経理担当

これも管理会計の分野ですか？

若松コンサルタント

これらの数字の作成、試算は「管理会計」の分野です。
これからこれらの計算を実際の数字を使って解説して
いきますが、「損益分岐点」の計算方法、数字の使い方
などをマスターしていないと計算ができません

田所　経理部長

まさに、管理会計は経営のための会計、マネジメント
アカウンティングですね

若松コンサルタント

最初に来期の経営計画、予算計画、利益計画の立案する際に必要な「売上計画の立て方」、「予算計画の立て方」についてみていきましょう。次に「商品、製品の値引きはいくらまで容認できるか？」、「材料コストの増加が利益にどの程度影響を与えるか？」「これだけ値引きして同程度の売上げを得るためには、今より何割増しの売上げが必要か？」などの質問にどのように解答するかを解説します。　最後に「このプロジェクトは行うべきか、中止すべきか」という事業の採算性について説明していきます

一同

よろしくお願いします

## (1) 売上計画の立て方について

　来期の経営計画、予算計画、利益計画の売上計画を立てる場合、売上げの増加、減少が利益にどう影響するか見てみましょう。

　ここでは売上げが増加するとどのくらい利益がUPするか、逆に売上げが減少するとどのくらい利益が減少するかを検証してみます。

　**図表14**は、モデル会社A社の現在の売上げが5％増加した場合、10%増加した場合の経常利益の増加額、増加率を試算したものです（変動費率、限界利益率、固定費は変わらないものとして計算します。）。

---

**図表14**　売上高が5％、10%増加した場合の利益試算

. モデル会社A社の現在の状況

（単位：千円）

| | | | |
|---|---|---|---|
| 売上高 | (240,000) | 100% | （注） |
| 変動費 | (144,000) | ( 60%) | 固定費は合計で表示 |
| 限界利益 | ( 96,000) | ( 40%) | 下記試算では変動費率、限界利益率 |
| 固定費 | ( 80,000) | | は同率で計算 |
| 経常利益 | ( 16,000) | | |

・売上げが5％UPした場合　　　　　・売上げが10%UPした場合

（単位：千円）　　　　　　　　　　　　（単位：千円）

| | | | | | |
|---|---|---|---|---|---|
| 売上高 | (252,000) | 100% | 売上高 | (264,000) | 100% |
| 変動費 | (151,200) | ( 60%) | 変動費 | (158,400) | ( 60%) |
| 限界利益 | (100,800) | ( 40%) | 限界利益 | (105,600) | ( 40%) |
| 固定費 | ( 80,000) | | 固定費 | ( 80,000) | |
| 経常利益 | ( 20,800) | | 経常利益 | ( 25,600) | |

※経常利益は4,800千円増加　　　　　※経常利益は9,600千円増加
※増加率は30%　　　　　　　　　　　　※増加率は60%

---

$$(20,800-16,000=4,800)$$
$$\div 16,000\times 100=30\%$$

$$(25,600-16,000=9,600)$$
$$\div 16,000\times 100=60\%$$

　いかがですか。現在の売上げが5％増加すると経常利益は4,800千円アップします。増加率は30％です。さらに、売上げが10％増加すると経常利益は9,600千円アップ、増加率はなんと60％です。

　この売上げの増加率に対する利益の増加率は以下の算式により求めることができます。

**算　式**

　**売上増加率×　限界利益÷　経常利益**

　**図表14**のケースでは売上げが5％増加した場合は、5％×96,000千円÷16,000千円で30％、売上げが10％増加した場合は、10％×96,000千円÷16,000千円で60％になります。
　仮にモデル会社A社の売上げが15％上昇した場合には、15％×96,000千円÷16,000千円で90％とアップと利益が2倍近い金額になります。

　第6章の**図表9**で解説しましたが、損益分岐点売上高を超えれば超えるほど利益は多くなりますが、実際の数字を使って計算すると実感できると思います。

　**図表15**は、モデル会社A社の現在の売上げが逆に5％減少した場合、10％減少した場合の経常利益の減少額、減少率を試算したものです（変動費率、限界利益率、固定費は変わらないものとして計算します。）。

**図表15** 売上高が５％、10%減少した場合の利益試算

．モデル会社Ａ社の現在の状況

　　　　　　　　（単位：千円）

| 売上高 | (240,000) | 100% |
|---|---|---|
| 変動費 | (144,000) | ( 60%) |
| 　限界利益 | ( 96,000) | ( 40%) |
| 固定費 | ( 80,000) | |
| 　経常利益 | ( 16,000) | |

（注）
固定費は合計で表示
下記試算では変動費率、限界利益率
は同率で計算

・売上げが５％DOWNした場合

　　　　　　　　（単位：千円）

| 売上高 | (228,000) | 100% |
|---|---|---|
| 変動費 | (136,800) | ( 60%) |
| 　限界利益 | ( 91,200) | ( 40%) |
| 固定費 | ( 80,000) | |
| 　経常利益 | ( 11,200) | |

※経常利益は4,800千円減少
※減少率は30%
　(16,000−11,200＝4,800)
　　÷16,000×100＝30%

・売上げが10%DOWNした場合

　　　　　　　　（単位：千円）

| 売上高 | (216,000) | 100% |
|---|---|---|
| 変動費 | (129,600) | ( 60%) |
| 　限界利益 | ( 86,400) | ( 40%) |
| 固定費 | ( 80,000) | |
| 　経常利益 | ( 6,400) | |

※経常利益は9,600千円減少
※減少率は60%
　(16,000−6,400＝9,600)
　　÷16,000×100＝60%

・売上げが16.67%DOWNすると利益は０円に

　　　　　　　　（単位：千円）

| 売上高 | (200,000) | 100% |
|---|---|---|
| 変動費 | (120,000) | ( 60%) |
| 　限界利益 | ( 80,000) | ( 40%) |
| 固定費 | ( 80,000) | |
| 　経常利益 | ( 0) | |

不況抵抗力＝
売上減少率×限界利益÷経常利益
16.67%×96,000千円÷16,000千円
≒　100%
　　↑
利益が100%減少　利益がなくなる

いかがですか。現在の売上げが5％減少すると経常利益は4,800千円ダウンします。減少率は30％です。さらに、売上げが10％減少すると経常利益は9,600千円ダウン、減少率は60％です。

この売上げの減少率に対する利益の減少率は、「不況抵抗力」と呼ばれ、以下の算式により求めることができます。

---

**算　式**

**不況抵抗力＝ 売上減少率×限界利益÷ 経常利益**

---

**図表15**のケースでは売上げが5％減少した場合は、5％×96,000千円÷16,000千円で30％、売上げが10％減少した場合は、10%×96,000千円÷16,000千円で60％になります。

仮にモデル会社A社の売上げが15％減少した場合には、15%×96,000千円÷16,000千円で90％とダウンと利益がほぼなくなります。そして「安全余裕率」が16.67％ですから、売上げが16.67％減少しますと利益はゼロになります（157ページ「安全余裕率」参照）。

## (2)　予算計画の立て方について

来期の経営計画、予算計画、利益計画を立てる場合の二つ目は「固定費の削減」又は「固定費のコントロール」です。

163ページの**図表13**のように売上げが減少する、又は売上げが頭打ちの局面では利益を確保するには「固定費の削減」が必要になります（後述する「変動費率の引下げ」はここでは考慮しません。）。

また、売上げが増加している局面では「固定費のコントロール」が必要になります。売上げが増加すると通常固定費も増加します。

売上げが増加し、固定費が減少できれば利益はより多くなりますが、実際

には難しいと思います。

　具体的な計算を**図表16**で試算してみましょう。モデル会社A社では、来期の売上げを260,000千円と計画しました。その結果、限界利益は今期と比較して8,000千円増加します。

---

**図表16**　固定費をコントロールして利益を確保しよう

. モデル会社A社の現在の状況

（単位：千円）

| | | | |
|---|---|---|---|
| 売上高 | (240,000) | 100% | （注） |
| 変動費 | (144,000) | ( 60%) | 固定費は合計で表示 |
| 　限界利益 | ( 96,000) | ( 40%) | 下記試算では変動費率、限界利益率 |
| 固定費 | ( 80,000) | | は同率で計算 |
| 　経常利益 | ( 16,000) | | |

（ケースⅠ）売上260,000千円で固定費が4,000千円増加した場合

（単位：千円）

| | | |
|---|---|---|
| 売上高 | (260,000) | 100% |
| 変動費 | (156,000) | ( 60%) |
| 　限界利益 | (104,000) | ( 40%) |
| 固定費 | ( 84,000) | |
| 　経常利益 | ( 20,000) | |

（ケースⅡ）売上260,000千円で固定費が12,000千円増加した場合

（単位：千円）

| | | |
|---|---|---|
| 売上高 | (260,000) | 100% |
| 変動費 | (156,000) | ( 60%) |
| 　限界利益 | (104,000) | ( 40%) |
| 固定費 | ( 92,000) | |
| 　経常利益 | ( 12,000) | |

※経常利益は4,000千円増加　　　　※経常利益は4,000千円減少

---

　**ケースⅠ**では、限界利益の増加が8,000千円に対し固定費の増加を4,000千円に抑えられたので経常利益を現在に対して4,000千円増加させることができました。
　逆に**ケースⅡ**では、限界利益の増加が8,000千円に対し固定費が12,000千

円増加しているので、経常利益は逆に4,000千円減少しています。

すなわち、

　　**限界利益の増加額　＞　固定費の増加額　　　利益は増加**
　　**限界利益の増加額　＜　固定費の増加額　　　利益は減少**
となりますので、売上げが増加する場面では、固定費をどうコントロールするかが重要になります。

　実際の経営計画、利益計画を作る際は、売上げと経費をどうバランスさせるかなど、いろいろな調整が必要になりますが、どちらかというと経費の予算のほうが組みやすいと思います。

　まずは、経費の予算を組み、来期の売上予想を立ててみて、利益が大幅に減少するようであれば、削れる経費を削減していくのが現実的な計画の作り方になると思います。

## (3)　「変動費率」「限界利益率」について

　損益分岐点の計算から見ますと「変動費率」の増加や減少、「限界利益率」増加や減少によって利益も増減します。

　損益分岐点売上高のグラフで説明しますと「変動費率」が下がりますと変動費の直線の角度が下がります（**図表17−A**　変動費直線の下の点線）。よって売上げの直線と早く交わるため、損益分岐点売上高が下がります。
　したがって同じ売上げの場合、損益分岐点売上高が低いほうが利益は多く出ます。
　逆に「変動費率」が上がりますと変動費の直線の角度が上がります（**図表17−B**変動費直線の上の点線）。よって売上げの直線との交わりが遅くなるため、損益分岐点売上高が上がります。
　したがって同じ売上げの場合、損益分岐点売上高が高いほうが利益は少なくなります。

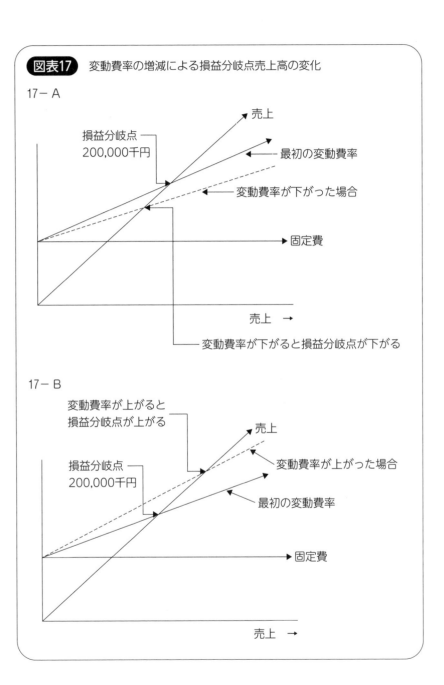

**図表17** 変動費率の増減による損益分岐点売上高の変化

17-A

損益分岐点
200,000千円

売上

最初の変動費率

変動費率が下がった場合

固定費

売上 →

変動費率が下がると損益分岐点が下がる

17-B

変動費率が上がると
損益分岐点が上がる

売上

変動費率が上がった場合

損益分岐点
200,000千円

最初の変動費率

固定費

売上 →

この「変動費率の引下げ」の具体的方法は以下の通りです。

・小売業、卸売業の場合には、なるべく安い所から仕入れるなど仕入価額、売上原価の引き下げを図る
・売価の見直し、売価を上げて「売上原価率」を下げる
・新製品、新商品を発売し、売価の改善を図る
・売価はそのままで内容量を減らす（シュリンクフレーション）
・クレジットカードの手数料を見直す
・製造業、建設業の場合には、なるべく安い原材料費、外注加工費に切り替える
・飲食店では食材の無駄をなくし「フードコスト（食材費率）」を引き下げる　など

逆に「変動費率が上がる」代表的なケースは以下の通りです。

・価格競争に巻き込まれて無理な値下げを行う
・正規の値段で販売できず、バーゲン、クリアランス販売の比率が高まる
・原材料の高騰、仕入れ価格の上昇を販売価格に転嫁できない
・飲食店で食材ロスが多額に発生する　など

> **ポイント**　利益を出す３つのポイント！
>
> 損益分岐点の観点から見ると、どの会社にも共通する利益を出すポイントは次の３つになります。
>
> 1　売上高の増加
>
> 2　固定費のコントロール（又は削減）
>
> 3　変動費率の引下げ（限界利益率の引上げ）

## (4)　わずか５％、10％の値下げが利益に与える意外な影響

**図表18**は、値下げなどで売価が５％下落（販売数量は同じ）した場合の利益と売価は同じで販売数量が５％減少した場合の利益の比較です。

> **図表18**　売価の下落（変動費率の上昇）は利益に与える影響が大きい
>
> .モデル会社Ａ社の現在の状況
>
> 　　　　　　　　　（単位：千円）
>
> | | | | |
> |---|---|---|---|
> | 売上高 | (240,000) | 100% | （注） |
> | 変動費 | (144,000) | ( 60%) | 固定費は合計で表示 |
> | 　限界利益 | ( 96,000) | ( 40%) | 下記試算では変動費率、限界利益率 |
> | 固定費 | ( 80,000) | | は同率で計算 |
> | 　経常利益 | ( 16,000) | | |

（ケースⅠ）売価が5％下落した場合

（単位：千円）

| | | |
|---|---|---|
| 売上高 | (228,000) | 100% |
| 変動費 | (144,000) | (63.16%) |
| 限界利益 | ( 84,000) | (36.84%) |
| 固定費 | ( 80,000) | |
| 経常利益 | ( 4,000) | |

※経常利益は12,000千円減少
※減少率は75%
　　(16,000−4,000＝12,000)
　　　÷16,000×100＝75%

（ケースⅡ）売上げが5％減少した場合

（単位：千円）

| | | |
|---|---|---|
| 売上高 | (228,000) | 100% |
| 変動費 | (136,800) | ( 60%) |
| 限界利益 | ( 91,200) | ( 40%) |
| 固定費 | ( 80,000) | |
| 経常利益 | ( 11,200) | |

※経常利益は4,800千円減少
※減少率は30%
　　(16,000−11,200＝4,800)
　　　÷16,000×100＝30%

（ケースⅢ）売価が10%下落した場合

（単位：千円）

| | | |
|---|---|---|
| 売上高 | (216,000) | 100% |
| 変動費 | (144,000) | (66.67%) |
| 限界利益 | ( 72,000) | (33.33%) |
| 固定費 | ( 80,000) | |
| 経常利益 | (△8,000) | |

※経常利益が24,000千円減少し
　経常損失（赤字）になる

（ケースⅣ）売価が10%下落した状態で同じ利利益を上げるには売上げがいくら必要か？

（単位：千円）

| | | |
|---|---|---|
| 売上高 | (288,028) | 100% |
| 変動費 | (192,028) | (66.67%) |
| 限界利益 | ( 96,000) | (33.33%) |
| 固定費 | ( 80,000) | |
| 経常利益 | ( 16,000) | |

※33.33%強の売上げアップが必要
※当初の売上げの1.33倍強

　いかがですか。**ケースⅡ**の売価は同じで販売数量が5％減少した場合（よって変動率60%は変わりません。）は、経常利益が4,800千円減少、減少率は30%ですが、値下げなどで売価が5％下落（販売数量は同じ、変動費率は63.16％に上昇）した場合には、経常利益が12,000千円減少、減少率はなんと75%にもなってしまいます（**ケースⅠ**参照）。

**ケースⅢ**は売価が10％下落（販売数量は同じ）した場合です。この場合には経常損失（赤字）に陥ります。そして売価を10％下げて同じ利益を確保するには現在の販売数量の1.33倍を売り上げる必要があります（**ケースⅣ**参照）。

　売上金額、売上数量を気にする社長は多いですが、「少しぐらい値引いても売ってこい」など値下げはあまり気にしない社長もいます。また、価格競争に巻き込まれ販売価格が下落しているケースなどは変動費率が上昇し予想以上に利益が減少しますので、社長には「10％値引きして販売したら元の数量の1.33倍売上げる必要がありますよ」など経理の方などから適切なアドバイスをしてほしいと思います（もちろん社長など経営幹部がここまで計算できたらすごいです！）。

## ⑸　値引きとともに原材料費、仕入価格の上昇を販売価格に転嫁できない場合も注意

　**図表19のケースⅠ**は、どのくらいまで販売価格の下落に耐えられるかを試算したものです。モデル会社Ａ社では、値引きなどにより販売価格が約6.67％下落（変動費率60％→64.29％に上昇）しますと利益がなくなります。

　また、原材料費、外注加工費、仕入価格などが上昇しているのに販売価格に転嫁できない場合も変動費率が上昇しますので注意が必要です。
　モデル会社Ａ社では仕入価格など変動費が約11.11％上昇し（変動費率60％→66.67％に上昇）、経済環境などの理由から販売価格に全く転嫁できない、すなわち、販売価格が据え置きの状態ですと利益が吹っ飛んでしまいます。

**図表19**　ここまで変動費率が上がると利益ゼロに！

.モデル会社Ａ社の現在の状況

（単位：千円）

| | | |
|---|---|---|
| 売上高 | （240,000） | 100% |
| 変動費 | （144,000） | （ 60%） |
| 限界利益 | （ 96,000） | （ 40%） |
| 固定費 | （ 80,000） | |
| 経常利益 | （ 16,000） | |

（注）
固定費は合計で表示
下記試算では変動費率、限界利益率
は同率で計算

（ケースⅠ）値引きで売価が6.67%
下落したら利益ゼロ

（単位：千円）

| | | |
|---|---|---|
| 売上高 | （224,000） | 100% |
| 変動費 | （144,000） | （64.29%） |
| 限界利益 | （ 80,000） | （37.71%） |
| 固定費 | （ 80,000） | |
| 経常利益 | （　　0） | |

（240,000－224,000＝16,000）
　÷240,000×100＝6.67%
の値引きで利益はゼロに

（ケースⅡ）変動費が11.11%上昇し
たが売価に全く転嫁できないと利益
ゼロ

（単位：千円）

| | | |
|---|---|---|
| 売上高 | （240,000） | 100% |
| 変動費 | （160,000） | （66.67%） |
| 限界利益 | （ 80,000） | （33.33%） |
| 固定費 | （ 80,000） | |
| 経常利益 | （　　0） | |

（160,000－144,000＝16,000）
　÷144,000×100＝11.11%
原材料や仕入価格が上昇、変動費が
11.11%上昇し価格に全く転嫁でき
ないと利益はゼロに

## (6)　値引きがもたらす意外な影響－「値付けは経営」といわれるゆえん

　「社長、競合会社がずいぶん値引きをしているようです。うちの見積もり
では全然勝負になりません。もっと値引きしましょう。」という営業担当者

の声に押されて無理な値引きを行い赤字転落している会社をよく見かけます。

これはどうしてなのでしょうか。

その疑問にお答えする前に、次の問題を考えてみてください。A社の1ヶ月の損益は次の通りでした。

A社　X月　損益計算書（P／L）

（単位：千円）

| | |
|---|---|
| 売　上　高 | 10,000 |
| 売上原価（変動費） | 8,000 (80%) |
| 　売　上　総　利　益 | 2,000 (20%) |
| 販売費及び一般管理費（固定費） | 1,500 |
| 　営　業　利　益 | 500 |

売上原価率が80%で、営業利益が月50万円計上されています。

このA社が、同業他社との競争が厳しいからといって、10%の値引きをしたと仮定します。さて、同じ営業利益を上げるためには、もとの売上げの何倍売り上げればいいのでしょうか。1.1倍か、1.2倍か、1.3倍か、それとも1.5倍でしょうか。

少し考えてみてください。

私も、セミナーなどで同じ質問をしますと、1.3倍から1.5倍の売上げアップという答えが大多数を占めます。

実は、答えは2倍です。わずか10%の値引きを行いますと、なんと売上げを2倍にしないと同額の営業利益は得られません。

値引き後の損益計算書は以下のようになります。

10%値引き後のA社　P/L

| | （単位：千円） |
|---|---:|
| 売　上　高 | 9,000 |
| 売上原価（変動費） | 8,000 |
| 　売　上　総　利　益 | 1,000 |
| 販売費及び一般管理費（固定費） | 1,500 |
| 　営　業　利　益 | △ 500 |

値引き前の「営業利益」を確保するには

| | （単位：千円） |
|---|---:|
| → 2 倍売上が必要 | 18,000 |
| | 16,000 |
| | 2,000 |
| | 1,500 |
| | 500 |

　注目しなければならないのは値引き後の売上原価の額が変わっていないことです。そして、家賃や給料などの販売費及び一般管理費は値引きしたからといって減少するわけではないので（故に「固定費」といいます。）、結局、50万円の赤字に転落します。

　上記「10％値引き後のP/L」の売上総利益に注目してください。値引き前の売上総利益と比べますと半額になっています。すなわち10％の値引きをすると、同額の営業利益を上げるには、売上げを2倍にしなければいけないことがわかると思います。

　なお、この問題は少し極端に作っています。実際は次ページの「売上原価率」との関係で決まります（当初の原価率が80％なので、2倍です。当初の原価率が70％ですと1.5倍が正解になります。）。

※ 原価率と値引の関係（値引きして元の利益を上げるためには、何倍の売上げが必要か？）

| 原　価　率 | 5％値引 | 10%値引 | 20%値引 |
|---|---|---|---|
| 90% | 2倍 | 儲けなし | 赤　字 |
| 85% | 1.5倍 | 3倍 | 赤　字 |
| 80% | 1.33倍 | 2倍 | 儲けなし |
| 75% | 1.25倍 | 1.67倍 | 5倍 |
| 70% | 1.2倍 | 1.5倍 | 3倍 |
| 65% | 1.16倍 | 1.4倍 | 2.33倍 |
| 60% | 1.14倍 | 1.33倍 | 2倍 |
| 55% | 1.13倍 | 1.29倍 | 1.8倍 |
| 50% | 1.11倍 | 1.25倍 | 1.66倍 |
| 45% | 1.1倍 | 1.22倍 | 1.57倍 |
| 40% | 1.09倍 | 1.2倍 | 1.5倍 |
| 30% | 1.07倍 | 1.17倍 | 1.4倍 |
| 20% | 1.06倍 | 1.14倍 | 1.33倍 |
| 10% | 1.05倍 | 1.12倍 | 1.28倍 |
| 0％ | 1.05倍 | 1.11倍 | 1.25倍 |

こうした影響に対応するためには、次の３つの方法があります。

## ① 値引きをしなくてよい体制作り

「ここの会社でしか手に入らない商品を扱っている。」「商品、製品に対するコンサルティング能力がある。」「納期が早い。」「店員の接客などのサービスが良い。」、飲食店などでは「味がよい」など値引きをしなくてよい強い体質を作りましょう。

## ② 値引きをしても大量に売る

以前マクドナルドは平日のハンバーガーを半額にしたら、約4.8倍の売上げがあったそうです。同様に「吉野家」は、牛丼を280円に値下げしたら売上げが約2.3倍になったそうです。このように、値引きをしても大量に販売することができれば利益は落ちません。先ほどの例ですと、２倍以上の売上げをあげればよいわけです（ただし、この方法は非常に危険です。マクドナルドはその後「赤字」に転落しました。吉野家の牛丼もその後値上げしています。）。

## ③ 売上原価及び販売管理費を引き下げる

「外注やアウトソーシングで製造原価を引き下げる。」「仕入先を開拓し仕入原価を引き下げる」など、売上原価率が減少する方法を考えたり、販売費及び一般管理費が減少できないか対策を考えます。

実は値上げは値下げとは全く逆の効果があります。
先ほどの会社が売価を10％値上げし同じ数量を販売した場合、営業利益は何倍になるでしょうか（計算上、売上原価、販売費及び一般管理費は変わらないものとします。）。

|  | （単位：千円） |  |
|---|---|---|
| 売　上　高 | 10,000 | |
| 売上原価（変動費） | 8,000 | (80%) |
| 売　上　総　利　益 | 2,000 | (20%) |
| 販売費及び一般管理費（固定費） | 1,500 | |
| 営　業　利　益 | 500 | |

10%値上げ後　P/L

|  | （単位：千円） |
|---|---|
| 売　上　高 | 11,000 |
| 売上原価（変動費） | 8,000 |
| 売　上　総　利　益 | 3,000 |
| 販売費及び一般管理費（固定費） | 1,500 |
| 営　業　利　益 | 1,500 |

10%値上げし、同数売れる
と営業利益は3倍に！

　上記試算のように、この会社が10%値上げし同数売れるとなんと営業利益は3倍になります。もちろん単純に値上げしますとお客さんは離れてしまいますので、値上げにはいろいろな戦略が必要ですが、価格がいかに利益に与える影響が大きいかがわかると思います。

　「値下げするとなぜ利益が極端に下がるか？」また、「値上げすると思った以上に利益を得られるか？」という仕組みは189ページ以降で解説します。

## （7）　原材料、仕入価格が高騰した場合の影響

　昨今、食材などの原材料や仕入価格、燃料費などの高騰が問題になっています。また原材料や仕入れを海外から輸入している場合は、円安により購入金額が上がっています。

　このような、原材料や仕入価格などの売上原価の上昇を売価に転嫁できない場合には経営にどのような影響が出るかを検証したいと思います。

B社　X月　損益計算書（P/L）

（単位：千円）

| | |
|---|---|
| 売　上　高 | 10,000 |
| 売上原価（変動費） | 7,000（70%） |
| 　売　上　総　利　益 | 3,000（30%） |
| 販売費及び一般管理費（固定費） | 2,500 |
| 　営　業　利　益 | 500 |

　上記のモデル会社のB社は売上原価率が70％で、営業利益月50万円が計上されています。

　このB社が仕入価格の高騰で売上原価が10％上昇した場合に売価に全く転嫁できない、すなわち売価を据え置いた場合に同じ営業利益を上げるためには、もとの売上げの何倍の売上げを達成すればいいのでしょうか。

　売上原価が10％上昇し（売上原価率70％→77％）、売価に転嫁できないケースの損益計算書（P/L）損益計算書は以下の左になります。

売上原価率が10%上昇後のB社　P/L　　　　元の「営業利益」を確保する
　　　　　　　　　　　　　　　　　　　　には

| | | | |
|---|---|---|---|
| | （単位：千円） | | （単位：千円） |
| 売　上　高 | 10,000 | →約1.3倍売 | 13,043 |
| 売上原価（変動費） | 7,700（77%） | 上が必要 | 10,043（77%） |
| 　売　上　総　利　益 | 2,300 | | 3,000 |
| 販売費及び一般管理費（固定費） | 2,500 | | 2,500 |
| 　営　業　利　益 | △ 200 | | 500 |

　上記のように売上原価が10％上昇（売上原価率70％→77％）し、売価に全く転嫁できないと仮に販売費及び一般管理費が同額だとしても20万円の赤字に転落します。

　そして、売上原価率上昇前の営業利益50万円を確保するためにはもとの売上げの約1.3倍（13,043千円）を達成する必要があります（上記の右の損益計算書参照）。

売上原価率が上昇し売価にまったく転嫁できない場合にどのくらい売上げを達成すればいいかは、実際は次ページの「売上原価率」との関係で決まります（当初の売上原価率が70％なので、売上原価率が10％上昇した場合は当初の売上の1.3倍です。売上原価率が20％上昇した場合は当初の売上げの1.88倍です。）。

　また売価の値上げで対処する場合は、下記のように7％の値上げが必要です。この場合「原価率」は約72％になります。

| 売上原価率が10％上昇後のB社　P/L | | 元の「営業利益」を確保するには | |
|---|---|---|---|
| | （単位：千円） | | （単位：千円） |
| 売　上　高 | 10,000 | →7％の値上げが必要 | 10,700 |
| 売上原価（変動費） | 7,700（77％） | | 7,700（72％） |
| 　　売　上　総　利　益 | 2,300 | | 3,000 |
| 販売費及び一般管理費（固定費） | 2,500 | | 2,500 |
| 　　営　業　利　益 | △200 | | 500 |

※　原価率と原価上昇の関係（売価を据え置いた場合、何倍の売上げが必要か？）

| 原　価　率 | 5％高騰 | 10％高騰 | 20％高騰 |
|---|---|---|---|
| 90％ | 1.81倍 | 10倍 | 赤　字 |
| 85％ | 1.4倍 | 2.31倍 | 赤　字 |
| 80％ | 1.25倍 | 1.67倍 | 5倍 |
| 75％ | 1.18倍 | 1.43倍 | 2.5倍 |
| 70％ | 1.13倍 | 1.3倍 | 1.88倍 |
| 65％ | 1.10倍 | 1.23倍 | 1.59倍 |
| 60％ | 1.08倍 | 1.18倍 | 1.45倍 |
| 55％ | 1.07倍 | 1.14倍 | 1.32倍 |
| 50％ | 1.05倍 | 1.11倍 | 1.25倍 |
| 45％ | 1.04倍 | 1.10倍 | 1.20倍 |
| 40％ | 1.03倍 | 1.07倍 | 1.15倍 |
| 30％ | 1.02倍 | 1.04倍 | 1.09倍 |
| 20％ | 1.01倍 | 1.03倍 | 1.05倍 |
| 10％ | 1.005倍 | 1.01倍 | 1.02倍 |
| 0％ | 影響なし | 影響なし | 影響なし |

## (8) 売価の値引き・値上げ、売上原価率の上昇がもたらす影響と損益分岐点

177ページ以降で、「値下げするとなぜ利益が極端に下がるか?」「原材料費の高騰や円安で売上原価率が上昇した場合に利益が減少する」また、「値上げすると思った以上に利益を得られるか?」を実際の計算を使って行いましたが、この仕組みを「損益分岐点」を用いて解説したいと思います。

まず値下げ(売価の引下げ)ですが、売価を下げると「変動費率」が上昇します。また、原材料費の高騰や円安で売上原価が上昇したの売上に全く転嫁できない場合も「変動費率」が上昇し「損益分岐点」が上昇します(**図表20 その1**参照)。

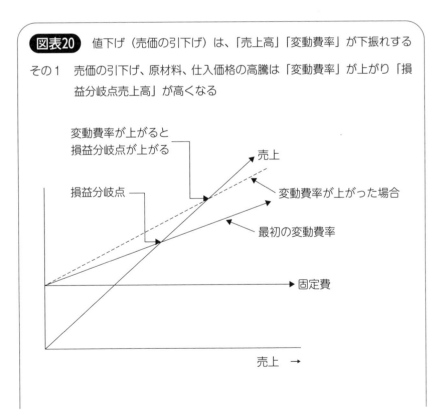

**図表20** 値下げ(売価の引下げ)は、「売上高」「変動費率」が下振れする

その1  売価の引下げ、原材料、仕入価格の高騰は「変動費率」が上がり「損益分岐点売上高」が高くなる

変動費率が上がると
損益分岐点が上がる

損益分岐点

売上

変動費率が上がった場合

最初の変動費率

固定費

売上　→

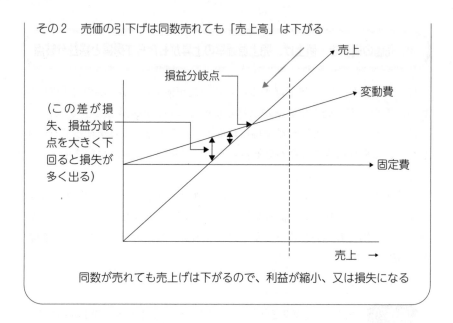

その2　売価の引下げは同数売れても「売上高」は下がる

損益分岐点

売上

変動費

(この差が損失、損益分岐点を大きく下回ると損失が多く出る)

固定費

売上 →

同数が売れても売上げは下がるので、利益が縮小、又は損失になる

　そして、売価の値下げの場合には同じ数量を販売しても売上げが下がりますので、変動費の直線との差が詰まり、利益が縮小したり、赤字になったりします（**図表20 その2**参照）。

　すなわち、売価の値下げの場合には会社の利益を決定する3つの要素「売上高」「固定費」「変動費率」のうち、2つの要素「売上高」「変動費率」が下振れしますので、値下げ（売価の引下げ）をしますと予想以上に利益が下がったり、赤字になったりします。

　ちなみに原材料費の高騰や円安で売上原価が上昇したの売価に全く転嫁できない場合は「変動費率」のみという1つの要素が関係します（**ポイント**参照）。

　次にまず値上げ（売価の引上げ）ですが、売価を上げる「変動費率」が下落し「損益分岐点」が下がります。

　そして、同じ数量を販売しても売上げが上がり、変動費の直線との差が開き利益が拡大します。

　すなわち、会社の利益を決定するの3つの要素「売上高」「固定費」「変動

費率」のうち、2つの要素「売上高」「変動費率」が上振れしますので、値上げ（売価の引上げ）をしますと予想以上に利益が拡大していきます（**図表21**参照）。

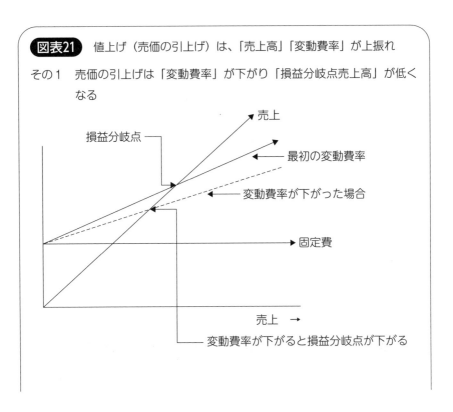

**図表21** 値上げ（売価の引上げ）は、「売上高」「変動費率」が上振れ

その1　売価の引上げは「変動費率」が下がり「損益分岐点売上高」が低くなる

売上

損益分岐点

最初の変動費率

変動費率が下がった場合

固定費

売上　→

変動費率が下がると損益分岐点が下がる

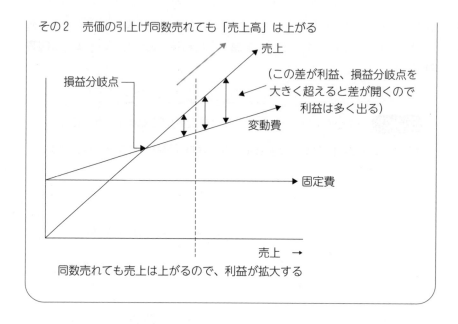

その2　売価の引上げ同数売れても「売上高」は上がる

損益分岐点

売上

（この差が利益、損益分岐点を
大きく超えると差が開くので
利益は多く出る）

変動費

固定費

売上　→

同数売れても売上は上がるので、利益が拡大する

　（会社の利益を決定する３つの要素については、196ページの「利益を出す
３つのポイント！」を参考にしてください。）

## (9)　部門別「損益分岐点売上高」の計算と事業計画数値の策定方法

　（株）Ｋプロデュースのように「卸売部門」「小売部門」「飲食部門」を営
んでいる会社では「部門別損益計算書」を作成して各部門の損益（利益）を
把握していくことは前述しましたが、ここでは部門別の損益分岐点売上高の
計算方法と事業計画数値の策定方法について解説します。

　**図表22**は（株）Ｋプロデュースの「Ｘ＋１月」の会社全体の損益計算書で
す。これを部門別の損益計算書にしていきます。**図表23**は損益分岐点売上高
を計算するため「変動費」「限界利益」を表示しています。この形の損益計
算書を「変動損益計算書」と言います。**図表23**は部門別に表示していますの
で「部門別変動損益計算書」になります（「部門別変動損益計算書」では、
その他の販管費のうち変動要素のあるものを「変動費」に移動しています。）。

飲食業は「にっぱち」と言われるように、２月や８月など特定の月に収益が落ち込む傾向がありますので、（株）Ｋプロデュースの飲食部門も「Ｘ＋１月」は管理可能利益は出ているものの、本社振替を行いますと赤字（損失）になっています。

　ここでは、飲食部門の本社振替後の経常利益が０円になる損益分岐点をシミュレーションして事業計画数値を策定したいと思います。

**図表22** （株）Ｋプロデュース　　Ｘ＋１月

損益計算書（全社）

（単位：千円）

| | |
|---|---:|
| 売　上　高 | 75,000 |
| 売上原価 | 53,000 |
| 売　上　総　利　益 | 22,000 |
| 販売費及び一般管理費 | |
| 　　給与等人件費 | 11,000 |
| 　　その他の販管費 | 10,000 |
| 営　業　利　益 | 1,000 |
| 　支払利息 | 70 |
| 経常利益 | 930 |

## 部門別変動損益計算書（その1）

（単位：千円）

| | 卸売部門 | 小売部門 | 飲食部門 | 本社 | 合計(全社) |
|---|---|---|---|---|---|
| 売 上 高 | 48,000 | 19,000 | 8,000 | － | 75,000 |
| 変 動 費 | 39,940 | 12,500 | 2,560 | － | 55,000 |
| 限界利益 | 8,060 | 6,500 | 5,440 | | 20,000 |
| 固 定 費 | | | | | |
| 給与等人件費 | 2,300 | 1,800 | 1,900 | 5,000 | 11,000 |
| その他の固定費 | 2,000 | 2,300 | 2,000 | 1,700 | 8,000 |
| 支払利息 | － | － | － | 70 | 70 |
| 管理可能利益 | 3,760 | 2,400 | 1,540 | △6,770 (注) | 930 |
| | | | | | |
| 本社固定費振替 (注) | 2,729 | 2,200 | 1,841 | △6,770 | － |
| 経常利益 | 1,031 | 200 | △301 | － | 930 |

※「本社振替」は限界利益の比率（卸売部門40.3% 小売部門32.5% 飲食部門27.2%）により配分

| (限界利益) | 卸売部門 | 小売部門 | 飲食部門 | 合計 |
|---|---|---|---|---|
| | 8,060千円 | 6,500千円 | 5,440千円 | 20,000千円 |
| (限界利益比率) | 40.3% | 32.5% | 27.2% | 100% |

| (本社振替) | 2,729千円 | 2,200千円 | 1,841千円 （注） |
|---|---|---|---|
| | 6,770千円×40.3% | 6,770千円×32.5% | 6,770千円×27.2% |

**図表24**の現状の数字の通り、経常利益は△301千円となっています。

最初に経常利益が0円になる損益分岐点をシミュレーションしていきます。

## 部門別変動損益計算書（その2）

(単位：千円)

| | （現　状） | （ケース1）<br>（損益分岐点まで<br>売上UP） | （ケース2）<br>（固定費<br>削減） | （ケース3）<br>（変動費率引下げ） |
|---|---|---|---|---|
| | 飲食部門 | 飲食部門 | 飲食部門 | 飲食部門 |
| 売　上　高 | 8,000 (100%) | 8,442 (100%) | 8,000 | 8,000 (100%) |
| 変　動　費 | 2,560 ( 32%) | 2,701 ( 32%) | 2,560 | 2,259 (28.2%) |
| 限界利益 | 5,440 ( 68%) | 5,741 ( 68%) | 5,440 | 5,741 |
| 固　定　費 | | | | |
| 給与等人件費 | 1,900 | 1,900 | 1,900 | 1,900 |
| その他の固定費 | 2,000 | 2,000 | 1,699 | 2,000 |
| 管理可能利益 | 1,540 | 1,841 | 1,841 | 1,841 |
| | | | | |
| 本社固定費振替 | △1,841 | △1,841 | △1,841 | △1,841 |
| 経常利益 | △301 | 0 | 0 | 0 |

　前述の通り、損益分岐点の観点から見ますと会社で利益を出すポイントは以下の3つになります。

　ここでは以下の一つの要素のみ変動させ損益分岐点をシミュレーションします。

## ①　売上高の増加

　**図表24**の**ケース１**は売上高を損益分岐点売上高まで増加させた場合です（他の要素、固定費、変動費率は同じです。）。

　この場合には、売上高を8,442千円にして、現在の売上高よりも442千円、率にして5.5%（442千円÷8,000千円×100）ほどアップする必要があります。

## ②　固定費のコントロール（又は削減）

　**図表24**の**ケース２**は固定費を削減して経常利益を０円にしました（他の要素、売上高、変動費率は同じです。）。

　この場合には、固定費を3,599千円（給与等人件費　1,900千円　＋　その他の固定費　1,699千円）にして、現在の固定費よりも301千円、率にして7.72%（301千円÷3,900千円×100）ほど減少する必要があります。

## ③　変動費の引下げ（限界利益率の引上げ）

　**図表24**の**ケース３**は変動費率を引き下げて経常利益を０円にしました（他の要素、売上高、固定費はは同じです。）。

この場合には、変動費率を28.2％にして、現在の変動費率よりも3.8％（32％—28.2％）引き下げる必要があります。

　いかがでしょうか。もちろん実際の経営では先ほどご紹介した利益を出す3つ要素「売上高」「固定費」「変動費率」がかかわってきますが、事業計画数値の策定や来期の戦略を考える際は、3つの要素を一つ一つ検討したほうが計画は立てやすいと思います。

　（株）Kプロデュースでは、上記シミュレーションの結果

・売上対策…ABC分析により売れ筋商品をPOPにより目立たせるなどして、売上高を月160千円、2％アップさせる

・固定費対策…お店が暇なときはアルバイト、パートを調整して給与等人件費を月100千円削減、また無駄を見直し、その他の固定費を月50千円の削減を行う。

・変動費率対策…やはりABC分析により出ていないメニューを取りやめ、食材のロスをなくし、変動費率を1％引き下げて31％にする。

　以上の対策を行い、本社固定費振替後の「経常利益」を39千円とする事業計画数値を策定しました。

（事業計画数字の策定）

　　　　　　　　　飲食部門

| 売 上 高 | 8,160 （100%） | 売上げを160千円、2％UP |
|---|---|---|
| 変 動 費 | 2,530 （ 31%） | 変動費率を1％引き下げる |
| 　限界利益 | 5,630 （ 69%） | |
| 固 定 費 | | |
| 　給与等人件費 | 1,800 | 給与等人件費を100千円／月　削減 |
| 　その他の固定費 | 1,950 | その他の固定費を50千円／月　削減 |
| 管理可能利益 | 1,880 | |
| | | |
| 本社固定費振替 | △1,841 | |
| 　経常利益 | 39 | |

---

**ポイント**　**事業計画数値の策定**

1　売上高の増加

2　固定費のコントロール（又は削減）

3　変動費率の引下げ（限界利益率の引き上げ）

　事業計画数値の策定や来期の戦略を考える際は、3つの要素を一つ一つシミュレーションして検討していきましょう。

## ⑽ ビジネスモデルについて考える

　固定費、変動費率の観点から「ビジネスモデル」を考えてみたいと思います。新規開業や新規事業を始める際の参考にしていただきたいと思います。

### Ａタイプ　　固定費（低い）変動費率（低い）ビジネスモデル

　最初は固定費も変動費率も低いビジネスモデルで、外注、委託、コンサルタントなどの無店舗又は小規模サービス業や健康食品の販売など無店舗通信販売になります。
　参入障壁が低く利益も出しやすいビジネスモデルなので、個人での独立、フリーランス、副業などはこのパターンが多いのが特徴です。
　また、「不況抵抗力」が強いので、少しくらいの売上げ減少にも耐えられるというメリットがありますが、逆に参入障壁が低いため、ライバルが多く価格競争に巻き込まれるというデメリットもあります。また、そのビジネスが当たるとすぐ真似され、特に大手が参入してくると一気に市場を奪われる危険性もあります。

・無店舗又は小規模サービス業（外注、委託、コンサルタントなど)
・無店舗通信販売（健康食品など）　など

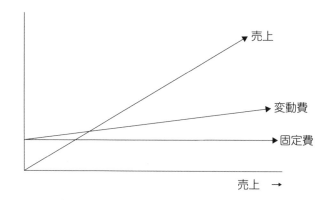

**（メリット）**

・参入障壁が低く参入しやすい（フリーランスや副業も可）
・一人又は少人数でもできる（人件費などがあまりかからない）
・損益分岐点売上高が低く、利益が出しやすい
・売上増加が利益に直結　　　　　・「不況抵抗力」が強い

**（デメリット）**

・参入障壁が低いのでライバルが多く価格競争に巻き込まれる
・独自の強みが必要　　　　・当たると真似される

### Bタイプ　固定費（中）変動費率（低い〜中）

こちらのビジネスモデルは、固定費は「中」程度で変動費率は「低い」から「中」程度となり、飲食店、店舗型物販、地域に根差したスポーツクラブなどになります。

Aタイプのビジネスモデルよりも固定費はかかりますが、店舗の賃貸費用や内装代などの資金が調達できれば参入しやすいため、独立開業する飲食店などで人気のタイプになっています。
「不況抵抗力」はまずまず強く、変動費率が低いため損益分岐点売上高を超えれば売上げの増加が利益に直結するメリットがあります。

逆にライバルが多く、大手企業とも真っ向からぶつかりますので売上げ不振で損益分岐点売上高を下回ると固定費がカバーできなくなり倒産も起こります。

皆さんも近くに新規開業した飲食店が2年ほどでなくなった事例を見たことがあると思います。

・飲食店、店舗型物販　　　・中規模以上のサービス業　　など

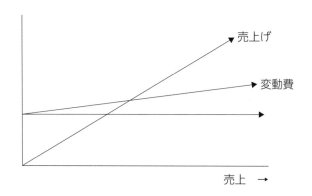

（メリット）
・損益分岐点売上高を超えれば売上げの増加が利益に直結
・固定費（店舗の資金や内装代）が手当できれば参入しやすい
・「不況抵抗力」はまずまず強い

（デメリット）
・通常人件費などの固定費がかかる（飲食店など）
・ライバルが多く競争が激しい（大企業とぶつかる）
・損益分岐点売上高を下回ると固定費もカバーできないケースも

Cタイプ　固定費（高い）変動費率（低い）

　このビジネスモデルはホテル、鉄道、航空会社など固定費が非常に高いのが特徴です。ただし、変動費率は低いので「不況抵抗力」はまずまず強く、損益分岐点売上高を超えれば売上げの増加が利益に直結します。短所でもありますが参入障壁が高いのでライバルは少なくなります。

　ただし、ホテル、鉄道、航空会社などは設備に依存するので売上げには限界があります。また、損益分岐点売上高を下回ると固定費の負担が大きいので過去にゴルフ場、航空会社などが倒産した事例もあります。

・ホテル、鉄道、航空会社
・大規模サービス業（ゴルフ場、スーパー銭湯など）
・百貨店、スーパーなど（ただし、変動費は中〜高い）

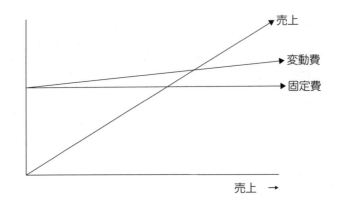

**（メリット）**

・参入障壁が高いのでライバルが少ない（デメリットでもあります。）
・損益分岐点売上高を超えれば売上げの増加が利益に直結
・「不況抵抗力」はまずまず強い

**（デメリット）**

・参入障壁が高いので新規参入が難しい
・損益分岐点売上高が高い
・設備に依存するので売上げには限界がある（ホテル、鉄道、航空会社など）
・損益分岐点売上高を下回ると固定費もカバーできず倒産も（ゴルフ場、航空会社など）

## Dタイプ　　固定費（高い）変動費率（高い）

　最後は固定費も変動費率も高いビジネスモデルで総合ゼネコン、大規模店舗、卸売り、商社などが該当します。
　参入障壁が高いのでライバルがとても少なく強者になれば、スケールメ

リットを活かして弱者をM＆Aしマーケットシュアを拡大できます（弱者では逆にM＆Aの対象にされてしまいます。）。

　ただし、「不況抵抗力」が低いので市場のバランスが崩れ、売上げが低迷しますと倒産につながってしまいます。

　過去に多くの家電量販店が経営不振になり淘汰されたケースなどが当てはまります。

**・総合ゼネコン、工務店**
**・大規模店舗（量販店、薄利多売型）**
**・卸売り、商社（固定費は中〜高い）**

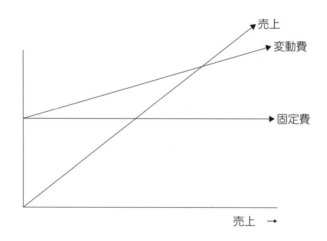

**（メリット）**
・参入障壁が高いのでライバルが超少ない
・スケールメリットを活かして競争力が強い（弱者をM＆Aするケースも）

**（デメリット）**
・参入障壁が高いので新規参入が非常に難しい
・損益分岐点売上高が高い
・「不況抵抗力」が低い

## ⑾ 事業の採算性について

　最後にこのプロジェクトを行うか否かの事業の採算性について考えてみましょう。

　**図表25**はセミナー会社の事例です。セミナー会社では**図表25**のようにセミナーごとに収益を出しています。

---

**図表25** セミナー会社の事例で採算を考えてみよう

25-1　　　　　　　　　　　　　　　　　　　　　　　　　　（単位：万円）

|  | セミナーA | セミナーB | セミナーC | 合計 |
|---|---|---|---|---|
| 売上 | 250 | 25 | 70 | 345 |
| 変動費 | 50 | 30 | 40 | 120 |
| 限界利益 | 200 | △ 5 | 30 | 225 |
| 固定費 | 50 | 50 | 50 | 150 |
| 利益 | 150 | △55 | △20 | 75 |

25-2　　　　　　　　　　　　　　　　　　　　　　　　　　（単位：万円）

|  | セミナーA | セミナーB | セミナーC | 合計 |
|---|---|---|---|---|
| 売上 | 250 | （中止） | 70 | 320 |
| 変動費 | 50 |  | 40 | 90 |
| 限界利益 | 200 |  | 30 | 230 |
| 固定費 | 50 | 50 | 50 | 150 |
| 利益 | 150 | △50 | △20 | 80 |

25-3　　　　　　　　　　　　　　　　　　　　　　　　　　（単位：万円）

|  | セミナーA | セミナーB | セミナーC | 合計 |
|---|---|---|---|---|
| 売上 | 250 | （中止） | （中止） | 250 |
| 変動費 | 50 |  |  | 50 |
| 限界利益 | 200 |  |  | 200 |

---

| 固定費 | 50 | 50 | 50 | 150 |
|---|---|---|---|---|
| 利益 | 150 | △50 | △50 | 50 |

セミナーの変動費は、講師料、教材費、昼食を出す場合には受講生のお弁当代になります。固定費はセミナー会社の支払家賃、スタッフの給与、募集チラシなどの集客コスト、机・椅子・プロジェクターなど減価償却費になりますが、この固定費をセミナーごとに賦課していきます（図表25参照）。

セミナーAは利益が出ていますので当然実施できます。セミナーBは変動費をカバーできていませんので中止です。理由は、セミナーBを中止すれば講師料、教材費などの変動費が不要になるからです。
新しいセミナーのため、初回の採算は度外視して行うことはありますが…。

問題となるのはセミナーCです。**図表25-1**の見ますとセミナーCは赤字になっていますが、セミナーCを中止しますと全体では利益が減少します（**図表25-3**参照）。

セミナーCは売上げが変動費を上回っており限界利益が30万円出ています。この限界利益はその分固定費をカバーすることができます。このセミナーCを中止にするとこのセミナーでカバーしていた固定費の30万円を他のセミナーで穴埋めする必要が出てきます。
固定費はセミナーCを行っても中止にしてもどちらでもかかります。

限界利益のことを別名「貢献利益（注）」といいます。その分固定費のカバーに貢献しているからですが、もしかしたら「限界利益」より「貢献利益」という名称のほうがしっくりくるかもしれませんね。

以上のことからセミナーのようなプロジェクトで考える場合、変動費をカバーできないようなプロジェクトは中止し、変動費を上回り限界利益（貢献利益）が出ているものはその分固定費をカバーでき、実施すれば利益が最も

大きくなる方法になります（**図表25-2**参照）。

　もう一つの注意点は、変動費を上回る場合でも価格競争による値崩れ、注文を取るための無理な値下げは禁物です。理由は一旦値崩れすると価格をもとに戻せないからです。

　以前マクドナルドが平日限定でハンバーガーを半額にしましたが、元の価格に戻せなくなり赤字に転落しています。

　また、**図表20**で解説しましたが、価格競争などによる値下げは「変動費率の引上げ」につながり利益に与える影響が思ったよりも大きいので注意が必要です。

　結論になりますが、「変動費を上回り限界利益（貢献利益）があるものは行う価値がありますが、価格競争に巻き込まれ値段を戻せないような値下げはやめたほうがいい」ということになります。

　以上、損益分岐点の計算からその応用計算までいろいろな事例を使って解説しました。これらの計算はたくさんの算式を使いますので文章を読んだだけではなかなか理解が難しいと思います。

　今回は計算も簡単な数字を使っていますので、是非の皆さんも電卓を使いながら学習してほしいと思います。

　損益分岐点の計算からその応用計算までの知識が身につきますと、「管理会計」の知識の重要な内容を習得したといえるでしょう。

（注）　74ページの「管理可能利益」を「貢献利益」と呼ぶ場合もあります。

# 第8章　事業計画書（数値計画）、行動計画 編

## (1) 事業計画書（数値計画）の作成

若松コンサルタント

> 管理会計の講義も最終段階に入ります。今回は実際に事業計画書（経営計画書）の作成方法について説明します

桑田　社長

> いよいよですな

若松コンサルタント

> 御社のように「卸売部門」「小売部門」「飲食部門」を営んでいる会社では「部門別」の事業計画書（経営計画書）も作成する必要はありますが、まずは全社の事業計画書（経営計画書）を6ヶ月分作成していきたいと思います

田所　経理部長

> 1年分作成する必要はないんですか？

若松コンサルタント

> もちろん1年分作成する会社もあります。しかし、現在のように先行きが不透明な状況では1年先はなかなか予測できません。そこでまず6ヶ月分の事業計画書（経営計画書）を作成し、3ヶ月経過時にその後の3ヶ月分を追加していく方法が現実的だと思います。
> 御社は12月決算ですので、1月から3月の第一四半期終了時までに7月から9月の第三四半期の計画を追加していきます

確かに1年先の状況は見通せないわ。新型コロナウイルス感染症、インフレ、食料や燃料の高騰、円安、数年前には全く予測できなかったです。

原口　経理担当

では御社の1月〜6月までの事業計画書（経営計画書）を作成していきましょう

若松コンサルタント

---

【（株）Kプロデュース】

・20××年12月決算

・卸売業、小売業、飲食業を営む法人

・消費税は税抜処理

　事業計画書の作成は、売上げ・売上原価、人件費、その他販売費及び一般管理費、支払利息などの各計画をもとにしています。

※　事業計画書（フォーム）はダウンロードできます（249ページ参照）。

---

## ① 売上計画、売上原価・売上総利益の計算

最初に売上計画を立てます。昨年同月の数字を参考にしながら販路の拡大、縮小を予想して計画します。田所経理部長、各部門の売上計画はできていますか？

若松コンサルタント

先日来、桑田社長、各部門長、経理でミーティングを行い、1月から6月までの売上計画を立てました。

田所　経理部長

ありがとうございます。蛇足ながら期の途中で新しい顧客が増えたり、逆に減少した場合は修正を行ってください

若松コンサルタント

（売上　計画）

|  | （卸売部門） | （小売部門） | （飲食部門） | 単位：千円 |
|---|---|---|---|---|
| 1 月 | 50,000 | 18,000 | 6,000 | |
| 2 月 | 40,000 | 14,600 | 5,000 | |
| 3 月 | 52,000 | 20,800 | 7,000 | |
| 4 月 | 62,000 | 23,000 | 8,000 | |
| 5 月 | 46,000 | 16,700 | 10,000 | |
| 6 月 | 53,000 | 18,500 | 6,000 | |

若松コンサルタント

次に売上原価・売上総利益計画を立てます。事業計画書（経営計画書）は利益を計算するため、売上原価は通常「売上原価率」を用いて計算を行います。田所さん、各部門の売上原価率は何％でしょうか？

田所　経理部長

はい　昨年の売上原価率を参考に、卸売部門　原価率80％、小売部門　原価率　60％　　飲食部門　原価率30％に設定しました

若松コンサルタント

了解しました。それでは、エクセルで作成した事業計画書（経営計画書）に原価率を設定します。これで売上高を入力しますと売上原価、売上総利益が自動的に計算されます。

原口　経理担当

本当だわ。売上高を入力するだけで売上原価、売上総利益まで算出されるんですね

田所　経理部長

> 売上計画の変更の際も便利ですね

事業計画書（20××年12月期）

| 科目 | 1月 | 2月 | 3月 | 第一四半期 | 4月 | 5月 | 6月 | 中間計 |
|---|---|---|---|---|---|---|---|---|
| 売上高 | | | | | | | | |
| 卸売部門 | 50,000 | 40,000 | 52,000 | 142,000 | 62,000 | 46,000 | 53,000 | 303,000 |
| 小売部門 | 18,000 | 14,600 | 20,800 | 53,400 | 23,000 | 16,700 | 18,500 | 111,600 |
| 飲食部門 | 6,000 | 5,000 | 7,000 | 18,000 | 8,000 | 10,000 | 6,000 | 42,000 |
| （売上　計） | 74,000 | 59,600 | 79,800 | 213,400 | 93,000 | 72,700 | 77,500 | 456,600 |
| | | | | | | | | |
| 売上原価 | | | | | | | | |
| 卸売部門（原価率80%） | 40,000 | 32,000 | 41,600 | 113,600 | 49,600 | 36,800 | 42,400 | 242,400 |
| 小売部門（原価率60%） | 10,800 | 8,760 | 12,480 | 32,040 | 13,800 | 10,020 | 11,100 | 66,960 |
| 飲食部門（原価率30%） | 1,800 | 1,500 | 2,100 | 5,400 | 2,400 | 3,000 | 1,800 | 12,600 |
| （売上原価） | 52,600 | 42,260 | 56,180 | 151,040 | 65,800 | 49,820 | 55,300 | 321,960 |
| （売上総利益） | 21,400 | 17,340 | 23,620 | 62,360 | 27,200 | 22,880 | 22,200 | 134,640 |

## ②　販売費及び一般管理費　計画

### （人件費計画）

若松コンサルタント

> 次に販売費及び一般管理費の計画を立てますが、まずは人件費の数字を入れていきます。社長、来期の人件費の計画はどのようなものですか？

桑田　社長

> 詳しい数字は田所経理部長から話してもらいますが、役員報酬、給与手当とも4月から5％昇給、また4月に1名増員の予定です

田所　経理部長

来期の役員報酬、給与手当の金額は以下の通りです。念のため所得税・住民税、社会保険料の預り金、社会保険料の会社負担分も計算しています

---

**1月～3月分**

役員報酬　　3,000千円／月

給与手当　　5,000千円／月

　　所得税・住民税預り金　800千円／月

　　社会保険料預り金　1,120千円／月

　　会社負担社会保険料　1,200千円／月

**4月分～**

役員報酬　　3,150千円／月（5％昇給）

給与手当　　5,800千円／月（5％昇給、1名増員）

　　所得税・住民税預り金　447千円／月

　　社会保険料預り金　1,252千円／月

　　会社負担社会保険料　1,342千円／月

---

若松コンサルタント

ありがとうございます。人件費計画は御社のように昇給計画、社員の募集計画をもとに予測をしていきます。また、期の途中で社員が増減した場合は修正を行います

原口　経理担当

社長、来期の賞与はどうですか？

桑田　社長

一応前年並みで予定しているが、利益が予算を上回れば賞与も弾むよ！

原口　経理担当

良かった、頑張ります！

田所　経理部長

6月の賞与の予定は以下の通りです。また6月に労働保険料の納付を予定しています

---

**6月賞与**

　従業員賞与　6,000千円

　　所得税預り金　　　　300千円

　　社会保険料預り金　1,400千円

　　会社負担社会保険料　1,500千円

6月　労働保険料　840千円　納付

---

原口　経理担当

6月に賞与6,000千円ということは、月次決算のポイントで教わったように1月から5月は賞与引当金繰入を月1,000千円計上すればいいですね

若松コンサルタント

その通りです。よくできました。それでは、エクセルで作成した事業計画書（経営計画書）に1月から6月までの人件費、社会保険料、賞与引当金繰入などを入力していきましょう。その際の注意点ですが、社会保険料の会社負担分は「法定福利費」になりますが、所得税、住民税、社会保険料の預り金は「事業計画書」

には反映されません

事 業 計 画 書 （20××年12月期）

| 科目 | 1月 | 2月 | 3月 | 第一四半期 | 4月 | 5月 | 6月 | 中間計 |
|---|---|---|---|---|---|---|---|---|
| 役員報酬 | 3,000 | 3,000 | 3,000 | 9,000 | 3,150 | 3,150 | 3,150 | 18,450 |
| 給与手当 | 5,000 | 5,000 | 5,000 | 15,000 | 5,800 | 5,800 | 5,800 | 32,400 |
| 賞与手当 | | | | 0 | | | 1,000 | 1,000 |
| 賞与引当金繰入 | 1,000 | 1,000 | 1,000 | 3,000 | 1,000 | 1,000 | | 5,000 |
| 法定福利費 | 1,200 | 1,200 | 1,200 | 3,600 | 1,342 | 1,342 | 3,682 | 9,966 |

## ③ その他の販売費及び一般管理費　固定資産　計画

若松コンサルタント

次に人件費以外の販売費及び一般管理費の計画を入力していきましょう。田所経理部長、数値計画はできていますか？

田所　経理部長

はい、先日社長と経理で打合せを行い、進行期の数字をもとに策定しました。販売費及び一般管理費などの費用は我々経理課である程度予測が立ちますが、売上計画、仕入計画は営業やお店の現場でないと予測できないですね

若松コンサルタント

これらはいわゆる「予算」といわれる内容です。期の途中で事務所を借り増しするなど費用が増減する場合は数値を修正してください

若松コンサルタント

ところで来期の固定資産計画はどうですか？設備や車両の購入予定はありますか？

桑田　社長

はい、４月に店舗の空調の入れ替えと営業車を１台購入の予定です

若松コンサルタント

ではそれを踏まえて、月々の減価償却費の見積もりは出ていますか？

原口　経理担当

設備投資を踏まえて、減価償却費の月々の見積額は以下のようになります

---

１月～３月　　　800千円／月

４月～６月　　1,000千円／月　　４月に設備投資をする予定なので月200
　　　　　　　　　　　　　　　千円　増額

---

若松コンサルタント

では、人件費以外の販売費及び一般管理費の数値を入力していきましょう。

事　業　計　画　書　（20××年12月期）

| 科目 | 1月 | 2月 | 3月 | 第一四半期 | 4月 | 5月 | 6月 | 中間計 |
|---|---|---|---|---|---|---|---|---|
| 販売費及び一般管理費 | | | | | | | | |
| 広告宣伝費 | 100 | 100 | 200 | 400 | 100 | 100 | 100 | 700 |
| 荷造運賃 | 740 | 596 | 798 | 2,134 | 930 | 726 | 760 | 4,550 |
| 役員報酬 | 3,000 | 3,000 | 3,000 | 9,000 | 3,150 | 3,150 | 3,150 | 18,450 |
| 給与手当 | 5,000 | 5,000 | 5,000 | 15,000 | 5,800 | 5,800 | 5,800 | 32,400 |
| 賞与手当 | | | | 0 | | | 1,000 | 1,000 |
| 賞与引当金繰入 | 1,000 | 1,000 | 1,000 | 3,000 | 1,000 | 1,000 | | 5,000 |
| 法定福利費 | 1,200 | 1,200 | 1,200 | 3,600 | 1,342 | 1,342 | 3,682 | 9,966 |
| 福利厚生費 | 60 | 60 | 60 | 180 | 400 | 60 | 60 | 700 |
| 減価償却費 | 800 | 800 | 800 | 2,400 | 1,000 | 1,000 | 1,000 | 5,400 |
| リース料 | 100 | 100 | 100 | 300 | 100 | 100 | 100 | 600 |
| 修繕費 | | | 200 | 200 | | | | 200 |
| 事務用品費 | 60 | 60 | 60 | 180 | 60 | 60 | 60 | 360 |
| 消耗品費 | 200 | 200 | 600 | 1,000 | 600 | 200 | 200 | 2,000 |
| 水道光熱費 | 300 | 300 | 400 | 1,000 | 400 | 300 | 300 | 2,000 |
| 旅費交通費 | 600 | 600 | 600 | 1,800 | 700 | 700 | 700 | 3,900 |
| 手数料 | 400 | 400 | 400 | 1,200 | 400 | 400 | 400 | 2,400 |
| 租税公課 | 20 | 420 | 20 | 460 | 20 | 20 | 420 | 920 |
| 交際接待費 | 200 | 200 | 400 | 800 | 400 | 200 | 200 | 1,600 |
| 保険料 | 60 | 60 | 60 | 180 | 60 | 60 | 60 | 360 |
| 通信費 | 400 | 400 | 400 | 1,200 | 440 | 440 | 440 | 2,520 |
| 諸会費 | | | 200 | 200 | | | | 200 |
| 地代家賃 | 2,000 | 2,000 | 2,000 | 6,000 | 2,000 | 2,000 | 2,000 | 12,000 |
| 新聞図書費 | 100 | 100 | 100 | 300 | 100 | 100 | 100 | 600 |
| 会議費 | 200 | 200 | 300 | 700 | 300 | 200 | 200 | 1,400 |
| 教育研修費 | 60 | 60 | 60 | 180 | 500 | 60 | 60 | 800 |
| 雑費 | 100 | 100 | 100 | 300 | 100 | 100 | 100 | 600 |
| （販売費及び一般管理費　計） | 16,700 | 16,956 | 18,058 | 51,714 | 19,902 | 18,118 | 20,892 | 110,626 |
| （営業利益） | 4,700 | 384 | 5,562 | 10,646 | 7,298 | 4,762 | 1,308 | 24,014 |

若松コンサルタント

これで販売費及び一般管理費、営業利益まで完成です

原口　経理担当

販売費及び一般管理費の合計、営業利益が計算されるので期の途中で数値を変更した際、営業利益も自動的に修正されるので楽ですね

桑田　社長

営業利益が毎月黒字になっているのはいいですな

若松コンサルタント

営業利益は受取利息、受取配当金、支払利息などの財務収益を加味する前の本業の儲けになりますので毎月黒字が理想ですね

## ④　営業外収益・営業外費用　法人税、住民税及び事業税

若松コンサルタント

では次に営業外収益、営業外費用の項目を入れていきましょう。来期の受取利息、受取配当金、支払利息の金額はわかりますか？

田所　経理部長

はい、受取利息は2月に10千円の予定です。支払利息は4月の設備投資のため新規借入を行う予定などで4月より増額しています。

| | 1月 | 2月 | 3月 | 4月 | 5月 | 6月 |
|---|---|---|---|---|---|---|
| 支払利息 | 82千円 | 82千円 | 80千円 | 98千円 | 98千円 | 96千円 |

若松コンサルタント

受取利息、支払利息の数値を入力しましょう。そして経常利益（税引前当期純利益）の30％を法人税、住民税及び事業税となるよう設定してありますので、「当期純利益」まで自動計算されます

事　業　計　画　書　（20××年12月期）

| 科目 | 1月 | 2月 | 3月 | 第一四半期 | 4月 | 5月 | 6月 | 中間計 |
|---|---|---|---|---|---|---|---|---|
| （販売費及び一般管理費　計） | 16,700 | 16,956 | 18,058 | 51,714 | 19,902 | 18,118 | 20,892 | 110,626 |
| （営業利益） | 4,700 | 384 | 5,562 | 10,646 | 7,298 | 4,762 | 1,308 | 24,014 |
| 受取利息 | | 10 | | 10 | | | | 10 |
| 支払利息 | 82 | 82 | 80 | 244 | 98 | 98 | 96 | 536 |
| （経常利益税引前当期純利益） | 4,618 | 312 | 5,482 | 10,412 | 7,200 | 4,664 | 1,212 | 23,488 |
| 法人税、住民税及び事業税 | 1,385 | 94 | 1,645 | 3,124 | 2,160 | 1,399 | 364 | 7,046 |
| （当期純利益） | 3,233 | 218 | 3,837 | 7,288 | 5,040 | 3,265 | 848 | 16,442 |

原口　経理担当

やったー！これで1月から6月までの事業計画書（数値計画）は完成ね

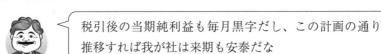

桑田　社長

税引後の当期純利益も毎月黒字だし、この計画の通り推移すれば我が社は来期も安泰だな

田所　経理部長

社長、お言葉を返すようですが各部門から原材料、仕入価格高騰の話が上がって来ています。前期並みの原価率を維持するのは難しい状況かと思います

うーん、私もそれを危惧しているんだ。もっとシビアな計画を作らないといけないな

桑田 社長

では次からは事業計画書（経営計画書）に条件に応じて変更を加えていきましょう

若松コンサルタント

事 業 計 画 書 （20××年12月期）

| 科目 | 1月 | 2月 | 3月 | 第一四半期 | 4月 | 5月 | 6月 | 中間計 |
|---|---|---|---|---|---|---|---|---|
| 売上高 | | | | | | | | |
| 卸売部門 | 50,000 | 40,000 | 52,000 | 142,000 | 62,000 | 46,000 | 53,000 | 303,000 |
| 小売部門 | 18,000 | 14,600 | 20,800 | 53,400 | 23,000 | 16,700 | 18,500 | 111,600 |
| 飲食部門 | 6,000 | 5,000 | 7,000 | 18,000 | 8,000 | 10,000 | 6,000 | 42,000 |
| （売上　計） | 74,000 | 59,600 | 79,800 | 213,400 | 93,000 | 72,700 | 77,500 | 456,600 |
| | | | | | | | | |
| 売上原価 | | | | | | | | |
| 卸売部門（原価率80％） | 40,000 | 32,000 | 41,600 | 113,600 | 49,600 | 36,800 | 42,400 | 242,400 |
| 小売部門（原価率60％） | 10,800 | 8,760 | 12,480 | 32,040 | 13,800 | 10,020 | 11,100 | 66,960 |
| 飲食部門（原価率30％） | 1,800 | 1,500 | 2,100 | 5,400 | 2,400 | 3,000 | 1,800 | 12,600 |
| （売上原価） | 52,600 | 42,260 | 56,180 | 151,040 | 65,800 | 49,820 | 55,300 | 321,960 |
| （売上総利益） | 21,400 | 17,340 | 23,620 | 62,360 | 27,200 | 22,880 | 22,200 | 134,640 |
| | | | | | | | | |
| 販売費及び一般管理費 | | | | | | | | |
| 広告宣伝費 | 100 | 100 | 200 | 400 | 100 | 100 | 100 | 700 |
| 荷造運賃 | 740 | 596 | 798 | 2,134 | 930 | 726 | 760 | 4,550 |
| 役員報酬 | 3,000 | 3,000 | 3,000 | 9,000 | 3,150 | 3,150 | 3,150 | 18,450 |
| 給与手当 | 5,000 | 5,000 | 5,000 | 15,000 | 5,800 | 5,800 | 5,800 | 32,400 |
| 賞与手当 | | | | 0 | | | 1,000 | 1,000 |
| 賞与引当金繰入 | 1,000 | 1,000 | 1,000 | 3,000 | 1,000 | 1,000 | | 5,000 |
| 法定福利費 | 1,200 | 1,200 | 1,200 | 3,600 | 1,342 | 1,342 | 3,682 | 9,966 |
| 福利厚生費 | 60 | 60 | 60 | 180 | 400 | 60 | 60 | 700 |
| 減価償却費 | 800 | 800 | 800 | 2,400 | 1,000 | 1,000 | 1,000 | 5,400 |
| リース料 | 100 | 100 | 100 | 300 | 100 | 100 | 100 | 600 |
| 修繕費 | | | 200 | 200 | | | | 200 |
| 事務用品費 | 60 | 60 | 60 | 180 | 60 | 60 | 60 | 360 |
| 消耗品費 | 200 | 200 | 600 | 1,000 | 600 | 200 | 200 | 2,000 |
| 水道光熱費 | 300 | 300 | 400 | 1,000 | 400 | 300 | 300 | 2,000 |
| 旅費交通費 | 600 | 600 | 600 | 1,800 | 700 | 700 | 700 | 3,900 |
| 手数料 | 400 | 400 | 400 | 1,200 | 400 | 400 | 400 | 2,400 |
| 租税公課 | 20 | 420 | 20 | 460 | 20 | 20 | 420 | 920 |
| 交際接待費 | 200 | 200 | 400 | 800 | 400 | 200 | 200 | 1,600 |
| 保険料 | 60 | 60 | 60 | 180 | 60 | 60 | 60 | 360 |
| 通信費 | 400 | 400 | 400 | 1,200 | 440 | 440 | 440 | 2,520 |
| 諸会費 | | | 200 | 200 | | | | 200 |
| 地代家賃 | 2,000 | 2,000 | 2,000 | 6,000 | 2,000 | 2,000 | 2,000 | 12,000 |
| 新聞図書費 | 100 | 100 | 100 | 300 | 100 | 100 | 100 | 600 |
| 会議費 | 200 | 200 | 300 | 700 | 300 | 200 | 200 | 1,400 |
| 教育研修費 | 60 | 60 | 60 | 180 | 500 | 60 | 60 | 800 |
| 雑費 | 100 | 100 | 100 | 300 | 100 | 100 | 100 | 600 |
| （販売費及び一般管理費　計） | 16,700 | 16,956 | 18,058 | 51,714 | 19,902 | 18,118 | 20,892 | 110,626 |
| （営業利益） | 4,700 | 384 | 5,562 | 10,646 | 7,298 | 4,762 | 1,308 | 24,014 |
| 受取利息 | | 10 | | 10 | | | | 10 |
| 支払利息 | 82 | 82 | 80 | 244 | 98 | 98 | 96 | 536 |
| （経常利益　税引前当期純利益） | 4,618 | 312 | 5,482 | 10,412 | 7,200 | 4,664 | 1,212 | 23,488 |
| 法人税、住民税及び事業税 | 1,385 | 94 | 1,645 | 3,124 | 2,160 | 1,399 | 364 | 7,046 |
| （当期純利益） | 3,233 | 218 | 3,837 | 7,288 | 5,040 | 3,265 | 848 | 16,442 |

## ⑵ 事業計画書（数値計画）の変更

若松コンサルタント

昨今、食材などの原材料や仕入価格、燃料費などの高騰が問題になっています。原材料や仕入価格などの売上原価の上昇を売価に転嫁できない場合には経営にどのような影響が出るかをシミュレーションしたいと思います

原口　経理担当

海外から輸入している食材や仕入れ、水道光熱費なども円安により価格が上がっているわ

若松コンサルタント

ここでは、食材などの原材料や仕入価格を売価に転嫁できず、各部門の原価率が以下のように上昇した場合をシミュレーションしました。なお販売費及び一般管理費は同様としています。数値は事業計画書（数値計画）変更No1になります

| | | | | |
|---|---|---|---|---|
| 卸売部門 | 原価率 | 80% | → | 85% |
| 小売部門 | 原価率 | 60% | → | 65% |
| 飲食部門 | 原価率 | 30% | → | 40% |

桑田　社長

うーん、売上原価が5％、10％上昇しただけで第一四半期、中間とも経常利益・税引前利益が赤字か、これは何とかしないと

田所　経理部長

このように計算しますと売上原価の上昇を売価に転嫁できないケースは経営に多大な影響を及ぼしますね

若松コンサルタント

そうなんです。損益分岐点売上高のところでも解説しましたが、売上原価の上昇を売価に転嫁できない場合は変動費率が上がり、思った以上に利益に影響を及ばします

桑田　社長

残念ながら価格の値上げもいたし方ないか

原口　経理担当

世の中いろいろなものが値上げされていますので、前よりも値上げに対する抵抗はなくなっていると思いますが…

田所　経理部長

値上げすると売上数量は確実に減りますね

若松コンサルタント

そこで、事業計画書（経営計画書）　変更No 2は値上げして売上数量は減少したが売価を上げたので売上高そのものは変わらないものとしてシミュレーションしています。この場合、原価率は以下のように事業計画書（経営計画書）変更No 1よりも改善されています。またガソリン代など燃料費が高騰しているため荷造運賃を20％アップ、水道光熱費を10％アップしました。その他の販売費及び一般管理費は同額にしています

卸売部門　原価率 81.0%　　小売部門　原価率 62.0%
飲食部門　原価率 38.1%


荷造運賃　20％アップ

| 1月 | 2月 | 3月 | 4月 | 5月 | 6月 |
| --- | --- | --- | --- | --- | --- |
| 888千円 | 715千円 | 957千円 | 1,116千円 | 871千円 | 912千円 |


水道光熱費　10％アップ

| 1月 | 2月 | 3月 | 4月 | 5月 | 6月 |
| --- | --- | --- | --- | --- | --- |
| 330千円 | 330千円 | 440千円 | 440千円 | 330千円 | 330千円 |

桑田　社長

事業計画書（経営計画書）変更 No 2 は、税引後の当期純利益が毎月黒字とはいかないが、第一四半期、中間では利益が出ているので何とかこの線では抑えたいな

田所　経理部長

さらなる売上原価の上昇がなければいいですが…

原口　経理担当

値上げによる買い控えも怖いわ。インフレなのに給料が上がらないとますます心配になります

若松コンサルタント

景気が後退するなかでインフレが進行するスタグフレーションというやつですね。景気後退で給料が上がらず物価だけが上昇しますのでかなり厳しい状態です。日本がそうならないことを祈りますが…

桑田　社長

いずれにしても、従業員の雇用を守り、また君たちの給料を下げたりすることのないよう事業計画書（経営計画書）を全社一丸となって達成しよう！

田所　経理部長

わかりました。社長、よろしくお願いします

原口　経理担当

事業計画書　変更　No 1
事 業 計 画 書（20××年12月期）

| 科目 | 1月 | 2月 | 3月 | 第一四半期 | 4月 | 5月 | 6月 | 中間　計 |
|---|---|---|---|---|---|---|---|---|
| 売上高 | | | | | | | | |
| 卸売部門 | 50,000 | 40,000 | 52,000 | 142,000 | 62,000 | 46,000 | 53,000 | 303,000 |
| 小売部門 | 18,000 | 14,600 | 20,800 | 53,400 | 23,000 | 16,700 | 18,500 | 111,600 |
| 飲食部門 | 6,000 | 5,000 | 7,000 | 18,000 | 8,000 | 10,000 | 6,000 | 42,000 |
| （売上　計） | 74,000 | 59,600 | 79,800 | 213,400 | 93,000 | 72,700 | 77,500 | 456,600 |
| | | | | | | | | |
| 売上原価 | | | | | | | | |
| 卸売部門（原価率 85%） | 42,500 | 34,000 | 44,200 | 120,700 | 52,700 | 39,100 | 45,050 | 257,550 |
| 小売部門（原価率 65%） | 11,700 | 9,490 | 13,520 | 34,710 | 14,950 | 10,855 | 12,025 | 72,540 |
| 飲食部門（原価率 40%） | 2,400 | 2,000 | 2,800 | 7,200 | 3,200 | 4,000 | 2,400 | 16,800 |
| （売上原価） | 56,600 | 45,490 | 60,520 | 162,610 | 70,850 | 53,955 | 59,475 | 346,890 |
| （売上総利益） | 17,400 | 14,110 | 19,280 | 50,790 | 22,150 | 18,745 | 18,025 | 109,710 |
| | | | | | | | | |
| 販売費及び一般管理費 | | | | | | | | |
| 広告宣伝費 | 100 | 100 | 200 | 400 | 100 | 100 | 100 | 700 |
| 荷造運賃 | 740 | 596 | 798 | 2,134 | 930 | 726 | 760 | 4,550 |
| 役員報酬 | 3,000 | 3,000 | 3,000 | 9,000 | 3,150 | 3,150 | 3,150 | 18,450 |
| 給与手当 | 5,000 | 5,000 | 5,000 | 15,000 | 5,800 | 5,800 | 5,800 | 32,400 |
| 賞与手当 | | | | 0 | | | 1,000 | 1,000 |
| 賞与引当金繰入 | 1,000 | 1,000 | 1,000 | 3,000 | 1,000 | 1,000 | | 5,000 |
| 法定福利費 | 1,200 | 1,200 | 1,200 | 3,600 | 1,342 | 1,342 | 3,682 | 9,966 |
| 福利厚生費 | 60 | 60 | 60 | 180 | 400 | 60 | 60 | 700 |
| 減価償却費 | 800 | 800 | 800 | 2,400 | 1,000 | 1,000 | 1,000 | 5,400 |
| リース料 | 100 | 100 | 100 | 300 | 100 | 100 | 100 | 600 |
| 修繕費 | | | 200 | 200 | | | | 200 |
| 事務用品費 | 60 | 60 | 60 | 180 | 60 | 60 | 60 | 360 |
| 消耗品費 | 200 | 200 | 600 | 1,000 | 600 | 200 | 200 | 2,000 |
| 水道光熱費 | 300 | 300 | 400 | 1,000 | 400 | 300 | 300 | 2,000 |
| 旅費交通費 | 600 | 600 | 600 | 1,800 | 700 | 700 | 700 | 3,900 |
| 手数料 | 400 | 400 | 400 | 1,200 | 400 | 400 | 400 | 2,400 |
| 租税公課 | 20 | 420 | 20 | 460 | 20 | 20 | 420 | 920 |
| 交際接待費 | 200 | 200 | 400 | 800 | 400 | 200 | 200 | 1,600 |
| 保険料 | 60 | 60 | 60 | 180 | 60 | 60 | 60 | 360 |
| 通信費 | 400 | 400 | 400 | 1,200 | 440 | 440 | 440 | 2,520 |
| 諸会費 | | | 200 | 200 | | | | 200 |
| 地代家賃 | 2,000 | 2,000 | 2,000 | 6,000 | 2,000 | 2,000 | 2,000 | 12,000 |
| 新聞図書費 | 100 | 100 | 100 | 300 | 100 | 100 | 100 | 600 |
| 会議費 | 200 | 200 | 300 | 700 | 300 | 200 | 200 | 1,400 |
| 教育研修費 | 60 | 60 | 60 | 180 | 500 | 60 | 60 | 800 |
| 雑費 | 100 | 100 | 100 | 300 | 100 | 100 | 100 | 600 |
| （販売費及び一般管理費　計） | 16,700 | 16,956 | 18,058 | 51,714 | 19,902 | 18,118 | 20,892 | 110,626 |
| （営業利益） | 700 | −2,846 | 1,222 | −924 | 2,248 | 627 | −2,867 | −916 |
| 受取利息 | | 10 | | 10 | | | | 10 |
| 支払利息 | 82 | 82 | 80 | 244 | 98 | 98 | 96 | 536 |
| （経常利益　税引前当期純利益） | 618 | −2,918 | 1,142 | −1,158 | 2,150 | 529 | −2,963 | −1,442 |
| 法人税、住民税及び事業税 | 185 | −875 | 343 | −347 | 645 | 159 | −889 | −433 |
| （当期純利益） | 433 | −2,043 | 799 | −811 | 1,505 | 370 | −2,074 | −1,009 |

卸売部門　　原価率　85%　　小売部門　　原価率　65%　　飲食部門　原価率　40%

事 業 計 画 書（20××年12月期）

| 科目 | 1月 | 2月 | 3月 | 第一四半期 | 4月 | 5月 | 6月 | 中間　計 |
|---|---|---|---|---|---|---|---|---|
| 売上高 | | | | | | | | |
| 卸売部門 | 50,000 | 40,000 | 52,000 | 142,000 | 62,000 | 46,000 | 53,000 | 303,000 |
| 小売部門 | 18,000 | 14,600 | 20,800 | 53,400 | 23,000 | 16,700 | 18,500 | 111,600 |
| 飲食部門 | 6,000 | 5,000 | 7,000 | 18,000 | 8,000 | 10,000 | 6,000 | 42,000 |
| （売上　計） | 74,000 | 59,600 | 79,800 | 213,400 | 93,000 | 72,700 | 77,500 | 456,600 |
| | | | | | | | | |
| 売上原価 | | | | | | | | |
| 卸売部門（原価率81.0%） | 40,500 | 32,400 | 42,120 | 115,020 | 50,220 | 37,260 | 42,930 | 245,430 |
| 小売部門（原価率62.0%） | 11,160 | 9,052 | 12,896 | 33,108 | 14,260 | 10,354 | 11,470 | 69,192 |
| 飲食部門（原価率38.1%） | 2,286 | 1,905 | 2,667 | 6,858 | 3,048 | 3,810 | 2,286 | 16,002 |
| （売上原価） | 53,946 | 43,357 | 57,683 | 154,986 | 67,528 | 51,424 | 56,686 | 330,624 |
| （売上総利益） | 20,054 | 16,243 | 22,117 | 58,414 | 25,472 | 21,276 | 20,814 | 125,976 |
| | | | | | | | | |
| 販売費及び一般管理費 | | | | | | | | |
| 広告宣伝費 | 100 | 100 | 200 | 400 | 100 | 100 | 100 | 700 |
| 荷造運賃 | 888 | 715 | 957 | 2,560 | 1,116 | 871 | 912 | 5,459 |
| 役員報酬 | 3,000 | 3,000 | 3,000 | 9,000 | 3,150 | 3,150 | 3,150 | 18,450 |
| 給与手当 | 5,000 | 5,000 | 5,000 | 15,000 | 5,800 | 5,800 | 5,800 | 32,400 |
| 賞与手当 | | | | 0 | | | 1,000 | 1,000 |
| 賞与引当金繰入 | 1,000 | 1,000 | 1,000 | 3,000 | 1,000 | 1,000 | | 5,000 |
| 法定福利費 | 1,200 | 1,200 | 1,200 | 3,600 | 1,342 | 1,342 | 3,682 | 9,966 |
| 福利厚生費 | 60 | 60 | 60 | 180 | 400 | 60 | 60 | 700 |
| 減価償却費 | 800 | 800 | 800 | 2,400 | 1,000 | 1,000 | 1,000 | 5,400 |
| リース料 | 100 | 100 | 100 | 300 | 100 | 100 | 100 | 600 |
| 修繕費 | | | 200 | 200 | | | | 200 |
| 事務用品費 | 60 | 60 | 60 | 180 | 60 | 60 | 60 | 360 |
| 消耗品費 | 200 | 200 | 600 | 1,000 | 600 | 200 | 200 | 2,000 |
| 水道光熱費 | 330 | 330 | 440 | 1,100 | 440 | 330 | 330 | 2,200 |
| 旅費交通費 | 600 | 600 | 600 | 1,800 | 700 | 700 | 700 | 3,900 |
| 手数料 | 400 | 400 | 400 | 1,200 | 400 | 400 | 400 | 2,400 |
| 租税公課 | 20 | 420 | 20 | 460 | 20 | 20 | 420 | 920 |
| 交際接待費 | 200 | 200 | 400 | 800 | 400 | 200 | 200 | 1,600 |
| 保険料 | 60 | 60 | 60 | 180 | 60 | 60 | 60 | 360 |
| 通信費 | 400 | 400 | 400 | 1,200 | 440 | 440 | 440 | 2,520 |
| 諸会費 | | | 200 | 200 | | | | 200 |
| 地代家賃 | 2,000 | 2,000 | 2,000 | 6,000 | 2,000 | 2,000 | 2,000 | 12,000 |
| 新聞図書費 | 100 | 100 | 100 | 300 | 100 | 100 | 100 | 600 |
| 会議費 | 200 | 200 | 300 | 700 | 300 | 200 | 200 | 1,400 |
| 教育研修費 | 60 | 60 | 60 | 180 | 500 | 60 | 60 | 800 |
| 雑費 | 100 | 100 | 100 | 300 | 100 | 100 | 100 | 600 |
| （販売費及び一般管理費　計） | 16,878 | 17,105 | 18,257 | 52,240 | 20,128 | 18,293 | 21,074 | 111,735 |
| （営業利益） | 3,176 | −862 | 3,860 | 6,174 | 5,344 | 2,983 | −260 | 14,241 |
| 受取利息 | | 10 | | 10 | | | | 10 |
| 支払利息 | 82 | 82 | 80 | 244 | 98 | 98 | 96 | 536 |
| （経常利益　税引前当期純利益） | 3,094 | −934 | 3,780 | 5,940 | 5,246 | 2,885 | −356 | 13,715 |
| 法人税、住民税及び事業税 | 928 | −280 | 1,134 | 1,782 | 1,574 | 866 | −107 | 4,115 |
| （当期純利益） | 2,166 | −654 | 2,646 | 4,158 | 3,672 | 2,020 | −249 | 9,601 |

卸売部門　原価率　81.0%　　　小売部門　原価率　62.0%　　　飲食部門　原価率　38.1%

**(3)　事業計画書（経営計画書）から簡便的に現金預金の増減（キャッシュフロー）を計算する方法**

若松コンサルタント

> ここでは事業計画書（経営計画書）から簡便的に現金預金の増減（キャッシュフロー）を計算する方法を紹介します。
> これは資金繰りがタイトな会社にはおすすめしませんが、御社のように現金預金にゆとりがある会社、または当座借越の枠がある会社が利用できる方法です

原口　経理担当

> 当座借越とは何ですか？

若松コンサルタント

> 当座借越とは当座預金の残高よりも多額の小切手を振り出しても銀行がその分貸出しをする制度です。例えば、当座借越契約を1億円結んでおけば当座預金はマイナス1億円まで使うことができます。特に運転資金などは増減しますので運転資金が多額に必要な時は当座借越を利用し、運転資金が少ない時は当座借越を返済すれば支払利息の節約にもなります

田所　経理部長

> 念のため当社もメインバンクと当座借越契約を1億円結んでいます。ただ使っていませんが…

桑田　社長

> 我が社の財務基盤は盤石じゃな

若松コンサルタント

では、「償却前利益」について説明します。償却前利益とは税引後の当期純利益に減価償却費を足したものになります。銀行など金融機関の方がよくこの「償却前利益」という言葉を使いますが、償却前利益はその期の利益から借入金の完本返済できる限度額になります。例えば、償却前利益が200万円の会社は当期の利益からは最大200万円の借入金を返済することができます

田所　経理部長

なるほど、税金を払った後の当期純利益に、費用にはなるがお金が出ていかない減価償却費を足した償却前利益が借入金返済の限度額なのですね

若松コンサルタント

そしてこの償却前利益から借入金の元本返済を引いたものが簡便的な現金預金の増減（キャッシュフロー）になります

桑田　社長

利益が出た分お金が増えるのではないんですね？

若松コンサルタント

次の図を見てください。ケース1は当期純利益が100万円で減価償却費が50万円ですので償却前利益は150万円（100万円＋50万円）」になります。そして借入金の元本返済は減価償却費と同額の50万円ですので現金預金の増加と当期利益は一致します。

| | | ケースⅠ | ケースⅡ | ケースⅢ |
|---|---|---|---|---|
| ① | 当期純利益（税引後） | 100万円 | 100万円 | 100万円 |
| ② | 減価償却費 | 50万円 | 50万円 | 50万円 |
| ③ | 償却前利益　①＋② | 150万円 | 150万円 | 150万円 |
| ④ | 借入金元本返済 | 50万円 | 30万円 | 80万円 |
| ⑤ | 現金預金の増減（簡便法）③－④ | 100万円 | 120万円 | 70万円 |

原口　経理担当

なるほど、費用になるがお金が出ない減価償却費とお金は出るが費用にならない借入金の元本返済が同額だと当期純利益と現金預金の増減は一致するんですね

若松コンサルタント

ケースⅡも償却前利益は150万円ですが、借入金の元本返済が減価償却費より20万円少ないので、当期純利益より現金預金は20万円多くなっています

田所　経理部長

お金が出る借入金の元本返済のほうがお金が出ない減価償却費より少ないとお金は多く残りますね

若松コンサルタント

ケースⅢも償却前利益は150万円ですが、借入金の元本返済が減価償却費より30万円多いので、当期純利益より現金預金は30万円少なくなっています

原口　経理担当

当期純利益よりお金が少なくなるのは避けたいですね

若松コンサルタント

実際の会社の資金繰り（キャッシュフロー）は売掛債権（受取手形・売掛金）の増減、買掛債務（支払手形・買掛金）、商品や製品などの在庫の増減などの「運転資金」の増減などが関係しますので、この方法はあくまでも簡便的な方法です

田所　経理部長

当社では他にどのような点に注意すればいいですか？

若松コンサルタント

御社の場合、資金繰りにゆとりがありますので計画段階では今お話しした簡便的に現金預金増減を把握しておき、実績は会計ソフトの資金繰り表で毎月の現金預金の動き、増減をチェックしてください。もし、異常な現金預金の減少などが見られた際は、売掛金の回収漏れや多額の滞納、仕入れた商品が売れ残り大量の不良在庫が発生していないかなどをチェックしてください

原口　経理担当

将来の資金繰りの予測は簡便的な方法でつかみ、実績は会計ソフトの資金繰り表で確認していくのですね

若松コンサルタント

はい、その通りです。ただし、資金繰りのタイトな会社はキチンと資金繰りの予測を立ててください

若松コンサルタント

では、原口さん、事業計画書（経営計画書）に減価償却費と借入金の元本返済額を入力してください

原口　経理担当

はい、減価償却費は１月から３月は800千円、４月から６月は1,000千円です。借入金の元本返済額は１月から３月は900千円、４月に新規の借入れをしますので４月から６月は1,200千円になります

事 業 計 画 書　（20××年12月期）

| 科目 | 1月 | 2月 | 3月 | 第一四半期 | 4月 | 5月 | 6月 | 中間計 |
|---|---|---|---|---|---|---|---|---|
| 受取利息 | | 10 | | 10 | | | | 10 |
| 支払利息 | 82 | 82 | 80 | 244 | 98 | 98 | 96 | 536 |
| （経常利益　税引前当期純利益） | 4,618 | 312 | 5,482 | 10,412 | 7,200 | 4,664 | 1,212 | 23,488 |

| | | | | 第一四半期 | | | | 中間計 |
|---|---|---|---|---|---|---|---|---|
| 法人税、住民税及び事業税 | 1,385 | 94 | 1,645 | 3,124 | 2,160 | 1,399 | 364 | 7,046 |
| （当期純利益） | 3,233 | 218 | 3,837 | 7,288 | 5,040 | 3,265 | 848 | 16,442 |

現金預金の増減　（簡便的計算）

| | | | | 第一四半期 | | | | 中間計 |
|---|---|---|---|---|---|---|---|---|
| 減価償却費 | 800 | 800 | 800 | 2,400 | 1,000 | 1,000 | 1,000 | 5,400 |
| 償却前利益 | 4,033 | 1,018 | 4,637 | 9,688 | 6,040 | 4,265 | 1,848 | 21,842 |
| 借入金元本返済額 | 900 | 900 | 900 | 2,700 | 1,200 | 1,200 | 1,200 | 6,300 |
| 現金預金の増減（簡便法） | 3,133 | 118 | 3,737 | 6,988 | 4,840 | 3,065 | 648 | 15,542 |

田所　経理部長

借入金の元本返済額が減価償却費よりも少し多いので、第一四半期、中間とも当期純利益より少し現金預金の増加が少ないですが十分な現金預金の増加ですね

桑田　社長

なんとかこの計画で行きたいものだが…

若松コンサルタント

事業計画書（経営計画書）変更No1に現金預金の増減を入れました。減価償却費と借入金の元本返済額は先ほどと同額です

桑田　社長

うーん　現金預金は中間でマイナス190万円か、この状態が長く続くとお金がどんどん減っていくな

事 業 計 画 書 （20××年12月期）

| 科目 | 1月 | 2月 | 3月 | 第一四半期 | 4月 | 5月 | 6月 | 中間計 |
|---|---|---|---|---|---|---|---|---|
| 支払利息 | 82 | 82 | 80 | 244 | 98 | 98 | 96 | 536 |
| （経常利益 税引前当期純利益） | 618 | −2,918 | 1,142 | −1,158 | 2,150 | 529 | −2,963 | −1,442 |

| 科目 | | | | | | | | |
|---|---|---|---|---|---|---|---|---|
| 法人税、住民税及び事業税 | 185 | −875 | 343 | −347 | 645 | 159 | −889 | −433 |
| （当期純利益） | 433 | −2,043 | 799 | −811 | 1,505 | 370 | −2,074 | −1,009 |

卸売部門　原価率　85%　　　小売部門　原価率　65%　　　飲食部門　原価率　40%

現金預金の増減（簡便法）

| | | | | | | | | |
|---|---|---|---|---|---|---|---|---|
| 減価償却費 | 800 | 800 | 800 | 2,400 | 1,000 | 1,000 | 1,000 | 5,400 |
| 償却前利益 | 1,233 | −1,243 | 1,599 | 1,589 | 2,505 | 1,370 | −1,074 | 4,391 |
| 借入金元本返済額 | 900 | 900 | 900 | 2,700 | 1,200 | 1,200 | 1,200 | 6,300 |
| 現金預金の増減（簡便法） | 333 | −2,143 | 699 | −1,111 | 1,305 | 170 | −2,274 | −1,909 |

若松コンサルタント

次は事業計画書（経営計画書）変更 No 2 に現金預金の増減を入れました。ここでは新規借入れ分は借入金の元本返済は 1 年間据え置きにしましたので、借入金の元本返済額は 1 月から 6 月まで同額の900千円になります

事業計画書（20××年12月期）

| 科目 | 1月 | 2月 | 3月 | 第一四半期 | 4月 | 5月 | 6月 | 中間計 |
|---|---|---|---|---|---|---|---|---|
| 支払利息 | 82 | 82 | 80 | 244 | 98 | 98 | 96 | 536 |
| （経常利益　税引前当期純利益） | 3,094 | −934 | 3,780 | 5,940 | 5,246 | 2,885 | −356 | 13,715 |
| 法人税、住民税及び事業税 | 928 | −280 | 1,134 | 1,782 | 1,574 | 866 | −107 | 4,115 |
| （当期純利益） | 2,166 | −654 | 2,646 | 4,158 | 3,672 | 2,020 | −249 | 9,601 |

卸売部門　原価率　81.0%　　小売部門　原価率　62.0%　　飲食部門　原価率　38.1%

現金預金の増減（簡便法）

| | | | | | | | | |
|---|---|---|---|---|---|---|---|---|
| 減価償却費 | 800 | 800 | 800 | 2,400 | 1,000 | 1,000 | 1,000 | 5,400 |
| 償却前利益 | 2,966 | 146 | 3,446 | 6,558 | 4,672 | 3,020 | 751 | 15,001 |
| 借入金元本返済額 | 900 | 900 | 900 | 2,700 | 900 | 900 | 900 | 5,400 |
| 現金預金の増減（簡便法） | 2,066 | −754 | 2,546 | 3,858 | 3,772 | 2,120 | −149 | 9,601 |

原口　経理担当

新規借入れ分は借入金の元本返済1年間据え置きにすると、中間では図らずも減価償却費と借入金の元本返済額が同額になるので当期純利益と現金預金の増加が一致して9,601千円になりますね

桑田　社長

資金繰り計画も事業計画書（経営計画書）変更No2で行こう！田所くん4月の新規借入れは1年間元本据え置きでメインバンクと交渉してくれたまえ

田所　経理部長

社長、了解しました

原口　経理担当

あと月々の資金繰りは会計ソフトの資金繰り表でチェックね

若松コンサルタント

ではこの後は事業計画書（経営計画書）変更No2を達成するため各部門のKPI（重要業績評価指数）と行動計画を策定してください。特に行動計画はメンバー皆さんからより多くの意見を聞いてください

桑田　社長

よし早速スケジュールを調整してKPI（重要業績評価指数）と行動計画を作ろう

**ポイント** 簡便的に現金預金の増減（キャッシュフロー）を計算

| | |
|---|---|
| 減価償却費 ＝ 借入金の元本返済 | 当期純利益 ＝ 現金預金の増加額 |
| 減価償却費 ＞ 借入金の元本返済 | 当期純利益 ＜ 現金預金の増加額 |
| 減価償却費 ＜ 借入金の元本返済 | 当期純利益 ＞ 現金預金の増加額 |

※ 他の要素は考慮していません

## (4) KPI（重要業績評価指数）と行動計画

若松コンサルタント

各部門の KPI（重要業績評価指数）と行動計画はできましたか？

桑田 社長

行動計画はメンバー全員から意見を聞いて、そして KPI（重要業績評価指数）は私と各部門長、経理で立案しました

原口 経理担当

メンバー全員に聞くといろいろな行動計画が出てくるわ

若松コンサルタント

そうなんです。現場にはいろいろなアイデアがあります。特に費用のかからない又は少額ならどんどん実行してみてください。うまくいかないものは改善したり、

中止すればいいですから

田所　経理部長

KPI（重要業績評価指数）は数値管理でき、各部門で重要なものである３つにしました。あまり多いと焦点がぼけますので

若松コンサルタント

いいですね。では各部門の KPI（重要業績評価指数）と行動計画を発表してください

---

（ポイント）　**KPI（重要業績評価指数）**

卸売部門

・優良顧客訪問数　　（行動計画で顧客の ABC 分析を行う）
・儲け筋（粗利益の高い）商品売上高　（行動計画で商品の ABC 分析を行う）
・売上原価率　81%以下　（棚卸しの関係で四半期（３ヶ月）ごとに確認）


小売り部門

・月間販売顧客数
・EC サイト　　　（行動計画で EC サイトを立ち上げる）
　　PV 数（ページ　ヴュー　ホームページへのアクセス数）
　　直帰率（ホームページを１ページしか見ないでサイトから離脱した率）
・売上原価率　62%以下　（棚卸しの関係で四半期（３ヶ月）ごとに確認）

飲食部門

・月間来店客数とリピート率　（行動計画でメンバーズカード作成）
・月間 LINE 登録者数　　　　（行動計画で公式 LINE アカウント作成）
・売上原価率　38.1%以下


経理部門

・月次決算を 5 営業日以内（当面は10日以内）
・月次決算の利益誤差 1 %以内
・本決算20日以内


　行動計画
卸売部門
・顧客の ABC 分析　　　　・優良顧客への訪問回数を増やす
・商品の ABC 分析
・儲け筋（粗利益の高い）商品の販売促進　　パンフレットなどの活用
・　　　　　　〃　　　　　　　　　　　　プレゼン能力を上げる
・売れている小売店の事例紹介　　チラシ作成　オンラインセミナー
・セミナー　プラス　接待（ワーケーションの活用）
・値上げの交渉　（売上原価率を81%以下に抑える）

小売り部門
・商品の ABC 分析
・儲け筋（粗利益の高い）商品の販売促進　　POP の活用
・メンバーズカードの作成　　・優良顧客の名前を覚える
・EC サイトの構築　　・EC サイトへの訪問数を増やす SEO 対策など
・SNS 広告の活用　　・口コミが起こる仕組み作り　紹介カードなど
・値上げする商品とお買い得商品のバランス（すべての商品を値上げし
　たとみられないため）

・季節感を出す陳列の工夫

飲食部門

・メニューの ABC 分析

・儲け筋（粗利益の高い）メニューの販売促進　　POP の活用

・売れないメニューの改善又は販売中止　　・新メニューの導入

・メンバーズカード作成　　・優良顧客の名前、好みを覚える

・公式 LINE アカウント作成　・地域を絞った SNS 広告の活用

・口コミが起こる仕組み作り　紹介カードなど

・値上げ又はシュリンクフレーション（売価はそのままで内容量を減らす）で原価率を改善

経理部門

・営業サイドと連携し売掛金の締めが早くできるよう仕組み作り

・仕入先、外注先から請求書を早くもらう仕組み作り

・棚卸しが早く行える仕組み作り（卸売り、小売りは 3 ヶ月毎、飲食は毎月）

・本決算が早くできるよう仕組み作り

エピローグ（終章）

桑田　社長

よし、事業計画書（経営計画書）を作成し、KPI（重要業績評価指数）、行動計画も決まった。あとは実行するだけだな

田所　経理部長

先生、この後の流れはどのようになりますか？

若松コンサルタント

では新しい事業年度がスタートしてからの流れを説明します。毎月月次決算を行い予実管理していきます。御社は卸売部門、小売部門、飲食部門がありますので部門別損益計算書も作成してください。また、資金繰り（キャッシュフロー）は簡便的な方法で計算していますので、会計ソフトの資金繰り表で毎月の現金預金の動き、増減をチェックしてください

原口　経理担当

そのためには正しい月次決算もスピーディーに行う必要があるのね

田所　経理部長

部門の評価は管理可能利益を使えばいいですね

若松コンサルタント

その通りです。そして毎月 PDCA サイクルを回していきましょう。KPT 方式などを活用し行動計画を実行して上手く行ったことは続けていく、上手く行かなかったことは改善してみる、それでもダメでしたら中止しましょう。私は四半期ごとにチェックします

桑田　社長

やはり行動計画が鍵だな。失敗をおそれずにどんどんやっていこう

田所　経理部長

社長、予算のかかるものは慎重にお願いします

原口　経理担当

いくらまでは即実行というルールも必要かもしれませんね

桑田　社長

よし、とりあえず10万円までは即実行としよう。そして失敗しても責任は問わないようにしよう

若松コンサルタント

御社は、期首から６ヶ月分の事業計画書（経営計画書）を立てましたので、第一四半期（１月から３月）が終了した４月に第三四半期（７月から９月）の計画を作っていきます。ただし、期の途中で重要な変更などがある場合は既に立てた計画も変更していきます

原口　経理担当

当社の場合は３ヶ月ごとに計画を立てるんですね

若松コンサルタント

そして決算の２ヶ月から３ヶ月前に今期の決算対策を行います。利益が出ている場合はできる節税対策を検討します。利益が思わしくない時は売上げアップや経費節減など期末まで打てる手を考えていきます

桑田　社長

節税対策を考えるくらいのゆとりを持ちたいな

若松コンサルタント

決算1ヶ月前にはその次の期の事業計画書（経営計画書）、KPI（重要業績評価指数）、行動計画を策定します。また終了後は経営分析などを行い決算の総括をしていきます

原口　経理担当

1年間行動した結果が決算書にあらわれるのね。楽しみでもあるし怖い気もします。

桑田　社長

まさに決算書は社長の通信簿だな

原口　経理担当

社長、赤点取らないようにお願いしますよ！

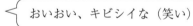

桑田　社長

おいおい、キビシイな（笑い）

若松コンサルタント

このようなサイクルを毎年回していきます。これが管理会計手法を使った売上げアップ、業績アップ方法になります。私の経験上、中小企業の業績アップにはこの手法が最も優れていると思います

田所　経理部長

確かにこの手法なら難しくないので中小企業でもできますね

原口　経理担当

現場の声を活かしていくのもいいわ

桑田　社長

トップダウンで上から言われたことだけでは人間動かないからな。やっぱり自分で決めたことなら行動しないわけにはいかないからね

若松コンサルタント

それでは私も御社の業績が良くなるようしっかりサポートしますので、これから1年間よろしくお願いします

桑田　社長

ありがとうございます。ご期待に応えられるよう頑張っていきます

田所　経理部長

今まで財務会計を中心にやってきましたが会計の世界も奥が深いですね。これからもよろしくお願いします。

原口　経理担当

管理会計がいかに経営に直結しているか実感しました。これからもご指導の程よろしくお願いします

**ポイント** 会社の売上げ・業績を上げる管理会計手法サイクル

（新事業年度開始前）
事業計画書（経営計画書）、KPI（重要業績評価指数）、行動計画の策定

（新事業年度開始後）
行動計画に従って業務を行う。

月々、正しい月次決算を行い「予実管理（予算と実績の比較）」でズレを
チェック
KPI（重要業績評価指数）の測定
実績資金繰り表で現預金の異常な減少がないかチェック

四半期ごとに（会社よっては毎月）KPT方式などを活用し行動計画の見
直を行い、PDCAサイクルを回す。

6ヶ月分の事業計画書（経営計画書）を立てた場合、3ヶ月後に先の計
画を立案（重要な変更などがある場合は既に立てた計画も変更する）

（決算2ヶ月前）
決算対策（節税対策、売上げアップや経費節減対策）を行う。

（決算1ヶ月前）
来期の事業計画書（経営計画書）、KPI（重要業績評価指数）、行動計画
を策定する。

（決算終了後）

経営分析などで１年間の決算を総括する。

## 著者からの提言

　最後は著者からの提言です。

　中小企業、中堅企業では売上げ・業績アップのために経営コンサルタントに依頼したくても資金的余裕がないというケースが多いと思います。

　仮に依頼できたとしても売上げ・業績アップにつながらない、又は長続きしないケースもよく見受けられます。実際、私のクライアントでも高額なコンサルティング料を経営コンサルタントに支払ったが、それほど効果が上がらなかった事例もあります。

　また会計事務所も経営コンサルティングは本業ではないので、中小企業、中堅企業の売上・業績アップの助言はなかなかできないのが実情です。

　では、中小企業、中堅企業の売上げ・業績をアップするのにはどうすればいいでしょうか。
　個人的には244ページの「会社の売上げ・業績を上げる管理会計手法サイクル」を実行するのが一番良い方法だと思います。

　繰り返しになりますが、新しい期の始まる前に事業計画書（経営計画書）、KPI（重要業績評価指数）、行動計画を策定していきます。この中で特に重要なのが「行動計画」です。本編でも解説しましたが、事業計画書（経営計画書）を作成しただけではその通りの売上げ、利益を達成できるわけではありません。行動計画に従って行動し、KPI（重要業績評価指数）が達成されているかチェックを行い、そしてPDCAサイクルを回して効果の確認や計画の変更をしていくことで事業計画書（経営計画書）の売上げ、利益を達成することができます。

　そして、この方法は会計事務所の顧問先指導にもお勧めの手法です。顧問先の事業計画書（経営計画書）を作成する際にはいろいろなシミュレーションを行いますので損益分岐点売上高の計算や応用など「管理会計の手法」が

必要になります。また予算と実際の数字を比較する「予実管理」は正確な月次決算が要求されます。会計事務所は顧問先の数字を常に扱っていますのでこれらは非常に得意な分野と言えるでしょう。

　残念ながら現在の日本の景気は「下りのエスカレーター」状態です。高度成長期やバブル期のような「登りのエスカレーター」状態（景気上昇期）には何も手を打たなくても売上げは右肩上がりになります。しかし現在のような「下りのエスカレーター」（景気後退期）は何も手を打ちませんと売上げ、利益はズルズルと落ちていきます。

　さらに今後は、新型コロナウイルス感染症による影響、原材料価格の高騰や円安など経済状況の不透明な状況が続くことが予想されます。企業はどのような経営戦略を立てるべきかがこれまで以上に重要になっています。そうした経営戦略に役立つのが「管理会計」です。
　大企業においては当たり前になっている管理会計ですが、中小・中堅企業においてもこの不透明な経済状況を乗り切るために管理会計は重要な手法です。

　中小企業、中堅企業の方、会計事務所の方が今回ご紹介した「会社の売上げ・業績を上げる管理会計手法サイクル」を行っていただき、会社の業績アップにつながれば著者としてこれに過ぎたる喜びはありません。

　最後までお読みいただきありがとうございました。

## 【参考文献】

「いまこそ再認識！資金繰りとキャッシュフロー」松田修著（税務研究会出版局）

「決算書の鉄則と読み方」松田修著（秀和システム）

## ○事業計画書（フォーム）のエクセルシートサンプルの
##  ダウンロード

　209ページで紹介している事業計画書（フォーム）のエクセルシートのサンプルデータをダウンロードいただけます。

URL：https://www.zeiken.co.jp/itemimage/jigyoukeikaku.xlsx

※　サンプルデータの使用方法に関するサポートは行っておりません。
※　サンプルデータを使用する前にウイルスチェックを行うことをお勧めします。
※　サンプルデータは、細心の注意を払い動作を確認しておりますが、ご使用の環境などによっては正常に動作しない場合があります。
※　サンプルデータはExcel2007以降のバージョンでご利用ください。
※　サンプルデータの再配布はしないでください。
※　サンプルデータの使用結果について、著者及び株式会社税務研究会は一切の責任を負いかねますのでご了承ください。
※　本サイトは予告なく終了する可能性がありますので、ご了承ください。
※　QRコードは㈱デンソーウェーブの登録商標です。

## 〈著者紹介〉

### 松田　修（まつだ　おさむ）

税理士松田会計事務所所長
昭和61年税理士試験合格。
村田簿記学校講師（法人税法・簿記論担当）を経て、税務会計のプロ集団「辻会計事務所（現辻・本郷税理士法人）」に入所。
平成5年税理士松田会計事務所設立。
現在、簿記・税務・会計の専門スクール「麻布ブレインズ・スクール」の代表を務めるほか、各種実務セミナー講師として活躍中。

【主な著書】
『いまこそ再認識！資金繰りとキャッシュフロー』（税務研究会出版局）、『Q&Aで基礎からわかる固定資産をめぐる会計・税務』『［実務入門］Q&A国際税務と海外勤務者・非居住者の税金』『経理担当者のための税務知識のポイント』『挫折しない簿記入門』（以上、清文社）、『はじめてわかった決算書プロのコツ』『勝つ会社プロのコツ』（以上、リイド社）、『会社のお金がとぎれない！　社長の「現ナマ」経営』（すばる舎リンケージ）、『よくわかる決算書の鉄則と読み方』（秀和システム）など多数。

麻布ブレインズ・スクールでは、経理担当者のスキルアップのために「プロ経理養成講座」の動画を公開しています。以下のホームページから無料でご視聴いただけます。

http://www.azabu-brains.co.jp/

経営に役立つ管理会計 導入から応用まで

令和5年3月5日　初版第1刷印刷
令和5年3月10日　初版第1刷発行

（著者承認検印省略）

ⓒ 著 者　松 田　修

発行所　税 務 研 究 会 出 版 局

週　刊「税務通信」「経営財務」発行所

代表者　山　根　　毅

〒100-0005
東京都千代田区丸の内1-8-2　鉄鋼ビルディング
https://www.zeiken.co.jp

乱丁・落丁の場合は、お取替え致します。印刷・製本　三松堂株式会社
カバーデザイン　青木　汀（株式会社ダイヤモンド・グラフィック社）
ISBN978-4-7931-2741-0